D1943438

Textbausteine für Berichtszeugnisse in der Grundschule

von Monika Lang

Stolz Verlag, Düren

Vorwort

Leistungsbewertung in der Schule erfolgt durch die Vergabe von Punkten, in Form einer Ziffern-Note oder mit Worten als Beschreibung des aktuellen Lern- und Leistungsverhaltens.
Die Bewertung der individuellen Leistung soll den Ablauf des gesamten Lernprozesses berücksichtigen. Sie steht deshalb

- ◆ am Ende einer Kette von Test- und Kontrollverfahren sowie von kontinuierlichen wie auch situativen Wahrnehmungen und Beobachtungen durch die Lehrkraft,
- ◆ als Summe von Beobachtungen, zum Beispiel Beteiligung des Schülers am Unterricht, selbständiges Arbeiten, Umgang mit Lern- und Arbeitsmitteln, Arbeitstempo, Belastbarkeit, Konzentrationsfähigkeit, Ausdauer, Auffassungsgabe, Sozialverhalten usw.

Die Bewertung von schulischen Leistungen hat außerdem einen wichtigen Informations- und Funktionswert für die Schüler, die Eltern und späteren Arbeitgeber. Sie soll

- einerseits nach objektiv festgesetzten Kriterien erfolgen,
- andererseits den pädagogischen Aspekt nicht vernachlässigen.

Lernfortschritte sollen durch objektive Bewertungsmaßnahmen aufgezeigt werden, um den Schüler in seinem Lernen zu bestätigen. Lernrückstände werden aufgezeigt, um den Schüler zu vermehrten Anstrengungen anzuspornen. Die Lehrkraft sollte bei den Formulierungen die Bewertungen auf den einzelnen Schüler, seinen Lernstand, seine Lernmöglichkeiten, seine Lernbedürfnisse und seine Persönlichkeitsstruktur ausrichten und gleichzeitig Lernwillen und Lernvertrauen wecken.

Andererseits wird eine Leistungsbewertung verlangt, deren objektiv festgesetzte Kriterien eine Vergleichbarkeit möglich machen. Beide Anforderungen an Beurteilungen – die subjektive und die objektive – können sehr leicht in Widerspruch zueinander geraten. Um Gegenwart und Zukunft der Schüler aber nicht aus dem Blick zu verlieren, sind beide Aspekte gebührend zu berücksichtigen.

Die vorliegenden Formulierungsbausteine sollen den Lehrer anleiten, zwischen dem objektiven und subjektiven Aspekt der Leistungsbeurteilung und den Bedürfnissen des Schülers einen verantwortbaren Mittelweg zu finden.

Gliederung

Lern- und Arbeitsverhalten

1. Lernbereitschaft
2. Denk- und Vorstellungsvermögen
3. Gedächtnis, Merkfähigkeit, Auffassungsgabe
4. Konzentration, Ausdauer, Aufmerksamkeit
5. Arbeitstempo und Belastbarkeit

Sozialverhalten

1. Verhalten in der Klasse:
   gegenüber Mitschülern, Lehrkräften, Erwachsenen
2. Zusammenarbeit mit anderen
3. Sprache, Umgangston, Umgangsformen
4. Einsatzbereitschaft, Verantwortungsgefühl
5. Verhalten bei Kritik und bei Konflikten
6. Verhaltensstörungen

Besonderheiten

1. Individuelle Interessen
2. Kenntnisse, Fertigkeiten, Fähigkeiten

Schulleistungen in den Fächern

Deutsch

1. Lesen
2. Rechtschreiben, mündlicher und schriftlicher Ausdruck
3. Schrift

Mathematik

1. Grundrechenarten und Rechenfertigkeit
2. Text- und Sachaufgaben

Sachkundeunterricht

Musik und Spiel

Kunst- und Textilunterricht

Sportunterricht

Religionsunterricht

Formulierungs-Bausteine für das

Lern- und Arbeitsverhalten

1. Lernbereitschaft, Leistungswillen

Kriterien:
Die Lehrkraft beurteilt, ob der Schüler seine Aufgaben zügig erledigt, bereitwillig die Arbeit beginnt, keine Zeit verschwendet, keine Ausflüchte, Entschuldigungen sucht, Hefte, Bücher und Schreibzeug bei sich hat, interessiert mitarbeitet, sich häufig meldet und mit seinen Fragen und Beiträgen den Lernprozess auch für die Klasse in Gang bringt. Aufgezeichnet wird, ob er interessiert ist, Fragen stellt, mehr wissen will bzw. bereits einiges über das Lernthema weiß, eigenes Wissen einbringt, zusätzliche Materialien mitbringt, sich ergänzende Aufgaben sucht, selbständig arbeitet, selbst Lernprozesse initiiert, sich auf den Unterricht freut.

☺

- NN (Name der Schülerin) ließ durch eine gute Mitarbeit eine hohe Lernbereitschaft erkennen
- erledigte ihre Aufgaben mit viel Einsatz und Freude
- führte ihre Aufgaben bereitwillig, zuverlässig und korrekt zu Ende
- es macht ihr Freude, zusätzliche/selbst gewählte Aufgaben zu erledigen
- konnte im 2. Halbjahr gute/bessere Lernergebnisse erzielen, da sie ihre Leistungsbereitschaft spürbar steigerte
- entwickelte im 2. Halbjahr eine hohe Leistungsbereitschaft
- veränderte ihren Leistungswillen positiv
- zeigte, dass sie im 2. Halbjahr sehr viel mehr Energie und Arbeit in das Lernen investierte und erzielte dadurch gute Ergebnisse
- ließ sich zu positiven Lernleistungen anspornen

Lern- und Arbeitsverhalten

Lernbereitschaft

- hat ihren Tiefpunkt überwunden und eine gute Lernbereitschaft aufgebaut
- konnte ihre Leistungen stark verbessern, da sie große Lernbereitschaft und starken Arbeitswillen aufbrachte
- es ist sehr erfreulich, dass er in seinem Leistungswillen nicht nachgelassen hat
- Mitarbeit und Leistungsbereitschaft im Unterricht steigerten sich in einem erfreulichen Maße und hielten während der vergangenen Monate an
- bemühte sich mit Erfolg um eine höhere Leistungsbereitschaft
- arbeitete im Unterricht interessiert und konstruktiv mit
- ließ nicht nach, sich erfolgreich um gute Lernergebnisse zu bemühen
- hat ihre Einstellung zur Schule positiv verändert
- sie zeigte, dass sie einen deutlich höheren Leistungswillen aufbringen konnte und dadurch große Lernfortschritte machte
- beteiligte sich rege am Unterricht, meldete sich oft und gab überlegte/richtige Antworten

☹

- NN ließ deutlich in ihrer Leistungsbereitschaft nach
- ihre Leistungsbereitschaft entsprach nicht mehr den Anforderungen
- ihr Leistungswille wirkte sich negativ auf den Lernerfolg aus
- ihr nachlassender Leistungswille drückte/beeinträchtigte den Lernerfolg
- beteiligte sich wenig am Unterricht
- verlor rasch das Interesse am Unterrichtsstoff und fing dann an zu stören
- hatte öfter Mühe, dem Unterricht zu folgen und sachbezogene Beiträge zu liefern

- ließ in ihrem Bemühen, gute Lernergebnisse zu erzielen, deutlich/spürbar nach
- muss sich noch um eine dauerhafte/kontinuierliche Arbeits- und Leistungsbereitschaft bemühen
- muss noch lernen, dass sich Interesse an den Lernthemen sowie eine zuverlässige konstruktive Mitarbeit positiv auf ihre Leistungen auswirken
- ließ sich so sehr ablenken/entmutigen, dass sich dies negativ auf ihre Leistungsbereitschaft auswirkte
- sollte sich um eine kontinuierliche Leistungsbereitschaft bemühen
- es fällt ihr noch schwer, über einen längeren Zeitraum aktiv und interessiert mitzuarbeiten
- sie muss noch lernen, dass Interesse und Mitarbeit/Leistungsbereitschaft die Voraussetzung für gute Leistungen sind
- muss noch/wieder lernen, der Arbeit in der Schule wieder positiv/lernbereit/leistungsbereit gegenüber zu stehen
- musste immer wieder zur Mitarbeit im Unterricht aufgefordert werden

Lern- und Arbeitsverhalten

Denk- und Vorstellungsvermögen

2. Denk- und Vorstellungsvermögen

Kriterien:
Hier beurteilt die Lehrkraft, ob der Schüler Probleme erkennt, Schlüsselfragen und Zugangswege findet, Probleme lösen kann, Gesetzmäßigkeiten erkennt, Beziehungen, Zusammenhänge und Sachverhalte erfasst und wiedergibt, Regeln ableitet, Wesentliches und Exemplarisches hervorheben, sich Dinge und Sachverhalte vorstellen, nach bestimmten Kriterien einordnen und beurteilen, den Prozess von der konkreten Anschauung zur abstrakten Vorstellung vollziehen, neues Wissen verknüpfen, Assoziationen bilden kann.

☺

- NN (Name des Schülers) nahm neue Informationen schnell auf
- fasst neue Sachverhalte/Aufgaben schnell/ohne weitere Hilfen/ohne Vorbesprechung auf
- erkennt schnell die Struktur eines Sachverhalts
- kann auch bei neuen Aufgaben Strukturen und Zusammenhänge erkennen
- kann selbständige Gedankengänge entwickeln
- kann sich schnell auf neue Aufgaben einstellen
- kann das Gelernte ohne zusätzliche Hilfen in neuen Zusammenhängen anwenden
- ordnet neue Lerninhalte und kann sie mit altem Wissen verknüpfen
- findet interessante/richtige Lösungswege
- begründet/erläutert seine Arbeits-/Vorgehensweise/ Problemlösungen, bezieht Stellung, bringt eigene Ideen ein
- kann Probleme selbständig lösen und die Lösungswege begründen
- reflektiert über Sachverhalte/Lösungswege

Lern- und Arbeitsverhalten

Denk- und Vorstellungsvermögen

- findet sich schnell in neuen Lernsituationen zurecht
- kann Wesentliches von Unwesentlichem unterscheiden, Regeln richtig anwenden
- kann Regeln und Gesetzmäßigkeiten ableiten und sie auf neue Sachverhalte übertragen/in neuen Sachverhalten wieder erkennen
- kann Sachverhalte in einer logischen Reihenfolge/einem logischen Aufbau wiedergeben
- kann seine Beiträge auf die Beiträge der Mitschüler beziehen/abstimmen
- erkennt Ähnlichkeiten, Gesetzmäßigkeiten, Zusammenhänge und leitet richtige Regeln ab
- kann Regeln zur Lösung von Aufgaben benutzen
- neue Sachverhalte erfasst er rasch und kann seine Kenntnisse auf neue Fragestellungen übertragen

☹

- NN (Name) hat noch Mühe, Strukturen und Zusammenhänge zu erfassen
- braucht längere Zeit, um Sachverhalte/Strukturen zu erkennen, Lösungswege zu finden
- stellt sich nur zögernd auf neue Aufgaben ein
- wendet sich nur zögernd/ungern neuen Aufgaben zu
- zeigt nur geringe Bereitschaft, sich mit neuen Lernthemen zu befassen/zu beschäftigen/darauf einzugehen/sich darauf einzustellen
- erkennt erst nach zusätzlichen Hilfen wichtige Zusammenhänge
- benötigt häufig zusätzliche Impulse durch den Lehrer
- kann trotz Förderung die Aufgaben nicht selbständig lösen
- kann Aufgaben erst nach intensiver Übung bearbeiten

Lern- und Arbeitsverhalten

Denk- und Vorstellungsvermögen

- ist gelegentlich/ab und zu in der Lage eigene Lösungswege zu finden/Aufgaben selbständig zu bearbeiten
- hat noch/gelegentlich Probleme, Lösungswege auf neue Aufgaben zu übertragen
- kann nach anfänglichen Schwierigkeiten gute/brauchbare/interessante Lösungswege finden
- nimmt nur zögernd Stellung zu eigenen Beiträgen/zu Beiträgen der Mitschüler
- gibt schnell bei schwierigeren Aufgaben auf
- lässt sich bei Schwierigkeiten schnell entmutigen
- es bereitet ihm oft Schwierigkeiten, neue Lerninhalte zu begreifen und sicher anzuwenden
- versucht den Anforderungen auszuweichen
- es fällt ihm schwer, selbständige Gedanken/Lösungswege zu entwickeln.

3. Gedächtnis, Merkfähigkeit, Auffassungsgabe

Hier bewertet die Lehrkraft, wie schnell und wie sicher ein Schüler auf bewusste Sinnesreize und Lernangebote in intellektueller, motorischer und sprachlicher Hinsicht im Verlauf des Unterrichts reagiert. Kann der Schüler Einzelheiten, Details, Unterschiede wahrnehmen, Veränderungen, Ergänzungen erkennen – Farben, Geräusche, Rhythmen, Formen, Größen, Gewichtungen wahrnehmen, unterscheiden bzw. miteinander vergleichen, einordnen? Kann er reale oder bildlich dargestellte Situationen als Ganzes erfassen, ihnen Sinn und Bedeutungsgehalt entnehmen, Werte, Wertigkeiten und Hierarchien entdecken? Kann er eigene sinnvolle praktische und theoretische Lösungswege finden? Kann er Schlussfolgerungen ziehen? Prägt er sich wichtige oder unwichtige Details und/oder Zusammenhänge ein? Kann er differenzieren? Nimmt er schnell, flüchtig, langsam, bedächtig, sicher, ohne zusätzliche Hilfen Informationen auf? Setzen diese bei ihm einen Lernprozess in Gang? Welche Behaltensqualität haben die Lernaktivitäten?

☺

- NN fasst den neuen Unterrichtsstoff sehr schnell auf und kann Zusammenhänge und Bezüge zu anderen Wissensgebieten aufzeigen
- kann sich schnell auf neue Lerninhalte einstellen
- zeigt/verfügt über eine gute und sichere Auffassungsgabe
- beachtet die Anweisungen und Vorgaben genau
- weiß stets, wie er vorgehen muss, um Probleme/Aufgaben zielgerichtet/zielorientiert zu lösen
- stellt sich ohne zusätzliche Hinweise sofort auf neue Lerninhalte ein und kann auch schwierige Anweisungen verstehen und umsetzen.
- ihm bereitet der Wechsel der Lernsituationen/der Lerninhalte keine Schwierigkeiten

Lern- und Arbeitsverhalten

Gedächtnis, Merkfähigkeit, Auffassungsgabe

- begegnete neuen Lerninhalten mit aktiver Zuversicht und Selbstvertrauen
- konnte mit den Vorgaben gut umgehen/arbeiten
- erfasst neue Aufgaben sofort und ohne weitere Vorbesprechungen. Die gründliche und konzentrierte Vorgehensweise ist besonders hervorzuheben.
- kommt ohne zusätzliche Hinweise sofort mit neuen Aufgabenformen zurecht
- kann neue Lösungsstrategien sofort in die Praxis umsetzen
- kann Lernvorteile, Lern- und Gedächtnishilfen in der Praxis anwenden/in die Praxis übertragen
- kann neue Lerninhalte leicht im Gedächtnis behalten
- berücksichtigt Regeln, Formeln und Lernhilfen
- kann sich Sätze/Abschnitte rasch und gut/auch über einen langen Zeitraum merken
- nimmt Melodien/Gedichte/Texte rasch auf und kann sie sicher und exakt/vollständig/ohne Fehler/ohne Auslassungen wiedergeben
- kann Sachverhalte/Texte/Szenen aus dem Gedächtnis aufschreiben
- erinnert sich auch noch nach längeren Zeiträumen an Einzelheiten/Zusammenhänge
- kann sich Sachverhalte, Aufgaben, Anweisungen auch ohne Notizen merken
- hatte das neu gelernte Wissen jederzeit in den wesentlichen Einzelheiten/Zusammenhängen zur Verfügung
- verfügt über ein ausgezeichnetes/zuverlässiges Gedächtnis für Zahlen/Formen/Namen/Personen ...
- benötigt für die Erinnerungen/Wiedergabe keine schriftlichen Notizen/Anschauungsmittel/Gedächtnishilfen
- hat ein gut ausgeprägtes/trainiertes Kurzzeitgedächtnis
- kann den Sinn eines Textes/Bildes sachgerecht wiedergeben und sich dazu äußern

Lern- und Arbeitsverhalten

Gedächtnis, Merkfähigkeit, Auffassungsgabe

- kann sich gut an Einzelheiten erinnern
- behält die Lerninhalte leicht im Gedächtnis

☹

- NN braucht viel Zeit und zusätzliche Hilfen/Hinweise, um sich auf neue Lerninhalte einzustellen
- stellt sich oft nur zögernd/schwer auf neue Lerninhalte ein
- befasst sich mit unterschiedlicher Motivation und wechselndem Interesse mit neuen Lernthemen
- fragt bei Unklarheiten häufig nach
- kann sich nicht an die Vorgaben halten
- zeigt wenig Selbstbewusstsein und Selbstvertrauen in eigene Lösungen
- hat noch Schwierigkeiten, neue Aufgabenstellungen zu erfassen bzw. Lösungstechniken und neue Lernstrategien anzuwenden
- hat erhebliche/beträchtliche Probleme bei der Umstellung auf neue Lerninhalte
- kann Lösungswege nicht erkennen/nicht selbständig finden
- kann Schwierigkeiten beim Erfassen neuer Lerninhalte nur mit zusätzlichen Hilfen und Erklärungen bewältigen
- reagiert unwillig/aggressiv in neuen Lernsituationen, zeigt sich kopflos und aufgeregt
- geht an neue Lerninhalte nur zögernd heran
- lässt erkennen, dass neue Lernsituationen sie überfordern
- benötigt zum Verständnis neuer Lerninhalte individuelle Unterstützung
- arbeitet zu oberflächlich, begegnet neuen Aufgaben zu wenig gründlich/ beachtet nicht genug die Vorgaben und Bedingungen

Lern- und Arbeitsverhalten

Gedächtnis, Merkfähigkeit, Auffassungsgabe

- hat große Schwierigkeiten, sich auf neue Lerninhalte/Sachverhalte einzustellen
- begegnet neuen Sachverhalten sehr zögernd und voller Misstrauen, versucht über vertraute Lernwege zu einem Ergebnis/einer Lösung zu kommen
- konnte sich zu Sinn und Inhalt von Bildern und Texten nicht immer sachgerecht äußern
- beachtete kaum die Einzelheiten bei der Wiedergabe eines Inhaltes/einer Geschichte
- bei der Wiedergabe bewahrte sie nicht immer den logischen Zusammenhang
- verfügt nur über ein gering ausgeprägtes Gedächtnis für ...
- kann Sachverhalte/Texte/Bilder aus dem Gedächtnis nur fehlerhaft/lückenhaft beschreiben
- kann sich abstrakte Sachverhalte nur schwer merken
- vergaß manchmal/oft/schon nach kurzer Zeit ...
- musste immer wieder an ... erinnert werden
- versuchte sich mit großer Anstrengung/Mühe neue Lerninhalte einzuprägen
- konnte sich kaum mehr an Einzelheiten erinnern
- hatte erhebliche Schwierigkeiten, sich zu einem Bild/Text/Musikstück zu äußern
- musste sich alles aufschreiben, konnte/wollte sich nicht auf ihr Gedächtnis verlassen
- schrieb Diktate nur nach intensivem Üben fehlerfrei
- konnte neue Sachverhalte nicht ohne Anschauungsmittel/Skizzen wiedergeben
- konnte sich auf neue Aufgaben nur schwer einstellen und Gelerntes kaum wiedergeben

4. Konzentration, Ausdauer, Aufmerksamkeit

Hier bewertet die Lehrkraft, ob sich der Schüler intensiv mit einem Lerngegenstand beschäftigen kann; ob er seine Energien (vollständig) auf einen Sachverhalt richten kann und sich nicht von Störungen beeinflussen, ablenken lässt; ob seine Aufmerksamkeit über eine längere Zeitdauer von gleichbleibender Qualität ist, er sich während des Unterrichts nicht mit anderen Dingen beschäftigt oder anderen Sinnesreizen nachgibt; ob er auf die richtigen Reize = Lernreize reagiert, Beiträge bringt, die für den Fortgang des Unterrichts wertvoll und wichtig sind und ob er nicht vom Thema abschweift; ob er ein Lernpensum effektiv bewältigen kann, ob er Freude an der schulischen Arbeit, durchgehendes Interesse am Lernstoff hat

☺

- NN folgte dem Unterricht immer sehr aufmerksam und konzentriert
- ließ sich durch auftretende Schwierigkeiten/Störungen nicht/kaum beeinflussen/ablenken
- arbeitet auch über einen längeren Zeitraum hinweg mit großer Aufmerksamkeit und Konzentration
- zeigt, dass er sich konzentriert mit einem Sachverhalt auseinander setzen kann
- es fiel ihm leicht, konzentriert bei der Sache zu bleiben und die Aufgaben bis zum Ende durchzuführen
- erfragte und erledigte häufig zusätzliche Aufgaben
- es ist erfreulich zu sehen, wie konzentriert er seine Aufgaben bearbeitet
- ließ sich auch durch auftretende Schwierigkeiten nicht entmutigen, sondern suchte mit großem Eifer nach gangbaren und interessanten Lösungsmöglichkeiten

Lern- und Arbeitsverhalten

Konzentration, Ausdauer, Aufmerksamkeit

- er konzentriert sich auf seine Aufgaben und kann sie in angemessener Zeit lösen/erledigen
- es gelingt ihm immer besser, dem Unterricht ohne Ablenkung und konzentriert zu folgen
- in den letzten Monaten konnte er dank besserer Aufmerksamkeit seine Leistungen deutlich verbessern
- führt seine Aufgaben konzentriert und ohne Unterbrechung zu Ende
- ist in der Lage, sich auch während der Freiarbeit und trotz eines gewissen Geräuschpegels auf seine Aufgaben zu konzentrieren
- kann seine Aufmerksamkeit ungeteilt auf eine Sache richten
- besitzt die nötige Willenskraft, eine angefangene Aufgabe konzentriert zu Ende zu führen
- vermag ohne fremde Hilfen eine hohe/erfreuliche Konzentrationsfähigkeit zu entwickeln
- folgt dem Unterricht ohne sich ablenken zu lassen und führt begonnene Aufgaben konsequent zu Ende

☹

- NN lässt sich leicht ablenken, zeigt schon nach kurzer Zeit deutliche Ermüdungserscheinungen
- hatte Mühe, bei der Sache zu bleiben/sich auf eine Sache zu konzentrieren
- es fiel ihm noch /oft schwer, sich auf den Unterricht zu konzentrieren
- muss noch lernen, seine Aufmerksamkeit bewusst auf eine Sache zu lenken
- benötigt viel Ruhe, um seine Aufgaben konzentriert erledigen zu können
- sollte sich nicht so leicht ablenken lassen
- hat Mühe, seine Aufmerksamkeit nur bestimmten Dingen zu widmen

Lern- und Arbeitsverhalten

Konzentration, Ausdauer, Aufmerksamkeit

- weicht bei Schwierigkeit häufig auf andere Dinge aus
- seine Aufmerksamkeit erlahmte oft schon nach kurzer Zeit
- hat noch nicht gelernt, dem Unterricht aufmerksam zu folgen
- seine Aufmerksamkeit lässt rasch nach
- hat Schwierigkeiten, seine Aufgaben konzentriert und ohne zusätzliche Unterstützung zu bearbeiten
- muss immer wieder auf den eigentlichen Sachverhalt aufmerksam gemacht/hingewiesen werden
- gibt schnell auf und fühlt sich überfordert
- weicht schwierigeren Aufgaben gerne aus
- geht nur ungern an Aufgaben heran, die Ausdauer und Konzentration erfordern
- manchmal reicht seine Aufmerksamkeit nicht aus, um Aufgaben bis zum Ende zu bearbeiten/abzuschließen

Lern- und Arbeitsverhalten

Arbeitstempo und Belastbarkeit

5. Arbeitstempo und Belastbarkeit

Hier bewertet die Lehrkraft – gemessen am Klassendurchschnitt – wie schnell oder wie langsam ein Schüler arbeitet, wie viel er in einem vorgegebenen Zeitraum erledigen kann, welches individuelles Grundtempo er hat, ob und wann er sein Arbeitstempo steigern konnte, ob durch Übungsmaßnahmen das Individualtempo oder auch das Gruppen-/Klassentempo gesteigert werden konnte; ob der Schüler unter Leistungs-bzw. Zeitdruck arbeiten kann; ob Interesse und Motivation das Arbeitstempo und die Belastbarkeit zu steigern vermögen, ob er Regeln, Arbeitsvorteile, Transfereffekte und die richtigen Arbeitsmittel nutzen kann, um schneller zu Ergebnissen zu kommen, welche mehr oder weniger stark differenzierte Unterrichtsmaßnahmen benötigt werden, kurz: ob der Schüler selbständig und zügig arbeitet, mit der vorgesehenen Zeit auskommt und auch in Problemsituationen nicht den Überblick bzw. die Nerven verliert.

☺

- NN erledigt ihre Aufgaben stets zügig und zielstrebig
- sie arbeitet rasch und konzentriert und führt ihre Arbeiten in der dafür vorgesehenen Zeit aus
- mit großer Motivation geht sie an ihre Aufgaben, die sie stets rasch und konzentriert erledigt
- sie arbeitet sehr gründlich und sorgfältig; meist braucht sie dazu weniger Zeit als vorgesehen
- sie kann auch unter Zeitdruck konzentriert arbeiten
- die guten Arbeitsergebnisse zeigen, dass sie auch in Prüfungssituationen konzentriert, genau und sehr zügig arbeiten kann
- ihre Aufgaben erledigt sie sofort und ohne Zeit zu verlieren
- wenn sie ihre Aufgaben bearbeitet, lässt sie sich nicht ablenken, sondern führt sie zielstrebig zu Ende; mit der vorgegebenen Zeit kommt sie gut aus

Lern- und Arbeitsverhalten

Arbeitstempo und Belastbarkeit

- mit großem Selbstvertrauen geht sie stets an ihre Aufgaben heran; sie arbeitet schnell und sicher und bearbeitet freiwillig zusätzliche Aufgaben
- sie hat Freude daran, auch schwierige Aufgaben selbständig und zielstrebig zu lösen
- sie lässt sich nicht durch ein hohes Arbeitspensum entmutigen, sondern macht sich ohne Zeitverlust an die Aufgabenlösung
- eine Vielzahl von Aufgaben nimmt sie als Herausforderung; es ist eine Freude zu sehen, wie konzentriert und zielstrebig sie dabei vorgeht

☹

- NN könnte sehr viel schneller und genauer arbeiten, wenn sie sich nicht so leicht ablenken ließe
- ihr Arbeitstempo war oft schwankend, da sie sich nicht um eine grundsätzlich positive Arbeitshaltung bemühte
- sie muss noch lernen, etwas zügiger, dabei aber genau so sorgfältig zu arbeiten wie bei langsamerem Tempo
- sie arbeitet recht sorgfältig und konzentriert, müsste jedoch ihr Arbeitstempo dabei deutlich/allmählich steigern
- ihre Aufgaben (z.B. im Mathematikunterricht) sollte sie zielstrebiger und etwas zügiger erledigen
- Unsicherheit und überstarke Selbstkritik verhindern, dass sie sich zügig und zuversichtlich an ihre Aufgaben heranwagt
- sie lässt sich durch ein größeres Arbeitspensum allzu leicht entmutigen
- gibt schnell auf, wenn sie nicht sofort einen Lösungsweg entdeckt
- verliert zu schnell den Überblick und hat zu wenig Vertrauen in ihre eigenen Fähigkeiten
- bemüht sich konzentriert zu arbeiten, lässt sich aber leicht ablenken und gibt sich dann mit der Bearbeitung nur weniger Aufgaben zufrieden

Lern- und Arbeitsverhalten

Arbeitstempo und Belastbarkeit

– sie sollte ruhig etwas mehr schulischen Ehrgeiz entwickeln und sich selbst eine höhere Leistungsfähigkeit zutrauen

– sie hat sich noch nicht so weit in der Hand, dass sie sich sofort an die Bearbeitung einer Aufgabe macht; so braucht sie oft noch zusätzliche Anstöße und Ermunterungen

– sie arbeitet zwar gründlich und genau, aber noch zu langsam, meist kommt sie noch nicht mit der vorgegebenen Zeit aus

– wahrscheinlich aus Angst vor Fehlern und Missgeschicken führt sie ihre Aufgaben zu langsam aus

Formulierungs-Bausteine für das

Sozialverhalten

1. Verhalten in der Klasse

Hier bewertet die Lehrkraft, wie sich ein Schüler seinen Mitschülern, Lehrkräften und den Erwachsenen gegenüber verhält, wie er sich in der Gruppe oder in der Klasse benimmt, welche Grundhaltung er hat, welche Meinungen, welche Einstellungen, welche Sicht der Dinge, welche Argumente er vertritt; ob er sich durchsetzen kann; ob er freundlich, hilfsbereit, rücksichtsvoll, verlässlich, engagiert ist; ob er bereit ist, sich für andere einzusetzen; ob er den Rahmen allgemeiner Umgangsregeln kennt und einhält, sich an Vereinbarungen, Regeln und Abmachungen gebunden fühlt; ob er gemeinschaftsfördernde Situationen gerne unterstützt; ob er Klassenämter und -aufgaben umsichtig und gewissenhaft ausführt; ob er in die Klassengemeinschaft integriert ist und dazu beiträgt, auch andere einzubinden; ob er sich kontaktfreudig, heiter und aufgeschlossen gibt; ob er Konflikte zu lösen versucht; ob er mit Kritik konstruktiv umgehen kann.

☺

- NN setzt sich mit großem Eifer und Engagement für die Belange der Klasse ein
- ist wegen seiner großen Hilfsbereitschaft und Kontaktfreudigkeit in der Klasse sehr beliebt
- kann sich verbal gut durchsetzen/behaupten
- hat keine Scheu, sich für die Belange anderer einzusetzen
- ist grundsätzlich recht zurückhaltend, aber dennoch in der Klasse wegen seines guten Urteilsvermögens und seines ausgleichenden Verhaltens anerkannt/geschätzt
- wird wegen seines fairen Verhaltens von allen in der Klasse geschätzt
- ist ein beliebter Ansprechpartner in der Klasse

Sozialverhalten

Verhalten in der Klasse

- nimmt sein Amt als Klassensprecher engagiert wahr
- wird von allen sehr geschätzt, weil man sich in kritischen/schwierigen Situationen auf ihn verlassen kann
- hält Regeln/Vereinbarungen ein und spart nicht mit Kritik, wenn andere zu großzügig damit umgehen
- gilt als hilfsbereit, freundlich und engagiert; sein Wort hat Gewicht in der Klasse
- hört Problemen seiner Mitschüler interessiert zu und sucht nach Lösungen/zeigt sich als aufmerksamer Zuhörer
- vertritt mit großem Selbstbewusstsein und stichhaltigen Argumenten seine Meinung
- seine Vorschläge werden gern gehört und meist auch akzeptiert
- er hat viele Freunde in der Klasse
- sein Engagement für … ist besonders lobenswert/zu erwähnen
- lobenswert hervorzuheben ist besonders seine Mitarbeit bei …
- kann Streit verbal schlichten; zwischen gegnerischen Parteien vermitteln; Konfliktpartner besänftigen

☹

- NN kann seine Gefühle noch nicht sicher beherrschen und gerät deshalb schnell in problematische Situationen
- er findet in Konfliktsituationen nicht immer eine friedliche Lösung
- er sollte sich (mehr) bemühen, Konflikte verbal/auf friedlichem Wege zu lösen
- ist bereit, Verantwortung in der Klasse zu übernehmen
- muss sich mehr um ein gutes Verhältnis in der Klasse bemühen

Sozialverhalten

Verhalten in der Klasse

- die gute Entwicklung in der letzten Zeit sollte auch ein freundlicheres Verhalten in der Klasse einschließen
- er vertritt oft mit Nachdruck seine Meinung, sollte jedoch auch die Beiträge seiner Mitschüler aufmerksam beachten
- sollte mehr Bereitschaft zur Zusammenarbeit/Integration/verbalen Konfliktlösung zeigen
- sollte sich mehr an Regeln und Vereinbarungen gebunden fühlen
- hat Schwierigkeiten, sich in die Klassengemeinschaft einzufügen/zu integrieren
- hätte mehr Freunde in der Klasse, wenn er sich freundlicher und rücksichtsvoller verhalten würde
- beeinträchtigt die Mitschüler durch sein provozierendes/unbeherrschtes Verhalten
- brüskiert Lehrkräfte und Mitschüler durch seine schroffe/wenig umgängliche Art
- sein Verhalten belastet das Klima in der Klasse
- stört häufig die Arbeitsatmosphäre
- sein (oft rücksichtsloses) Verhalten gegenüber Mitschülern muss sich grundlegend/entscheidend ändern
- er muss häufig ermahnt/aufgefordert werden, sein Verhalten zu überdenken
- gefährdet durch sein unbeherrschtes Verhalten in Konfliktsituationen immer wieder seine Mitschüler

Sozialverhalten

Zusammenarbeit mit anderen

2. Zusammenarbeit mit anderen

Hier bewertet die Lehrkraft, ob ein Schüler gerne, bereitwillig, freiwillig mit anderen zusammen arbeitet und lernt, in der Gruppe zu guten Arbeitsergebnissen kommt, die Gruppe mit seiner Arbeitshaltung und seinen Beiträgen weiter bringt, Anstöße zu Lösungen geben kann und zum Arbeitserfolg der Gruppe beiträgt bzw. hinterher auch stolz auf die erbrachte gemeinsame Leistung ist; ob er sich einer Gruppe zugehörig fühlt, integriert ist, die Gruppe durch Arbeitsziele und -strategien zusammen hält, konzentriert bei der Sache ist, andere nicht stört, sich selbst durch andere nicht ablenken lässt. Es wird bewertet, ob andere mit ihm zusammenarbeiten wollen, andere sie oder ihn in ihrer Gruppe haben wollen oder ablehnen.

- NN arbeitet gerne/bereitwillig und gut mit anderen zusammen; sie zeigt sich anderen gegenüber aufgeschlossen, kann ihre Meinung aber auch überzeugend in der Klasse vertreten
- wirkt durch ihr zielstrebiges Arbeiten positiv auf die Arbeitshaltung ihrer Mitschüler/Gruppe ein
- trägt entscheidend zum Arbeitserfolg ihrer Gruppe bei
- hat maßgeblichen Anteil an dem guten Ergebnis ihrer Gruppe
- arbeitet gut mit anderen zusammen, ohne sich selbst in den Vordergrund zu drängen
- arbeitet aktiv und konzentriert in der Gruppe mit
- gibt wichtige Anstöße bei der Gruppenarbeit
- ist stets aufmerksam und konzentriert bei der Arbeit, in der Gruppe bringt sie viele gute Beiträge, die häufig zu richtigen Lösungen führen
- hat Freude daran mit anderen zusammenzuarbeiten
- wird in der Gruppe aktzeptiert/die Gruppe hört auf sie

Zusammenarbeit mit anderen

– beeinflusst durch ihre positiven Beiträge die Arbeitshaltung/Leistungsbereitschaft ihrer Gruppe

– verstärkt durch ihre hohe Motivation die gute Arbeitshaltung/den Leistungswillen/die Leistungsbereitschaft der Gruppe

– sie wird als Mitarbeiterin/Partnerin in der Gruppe von allen Mitschülern stets geschätzt/gesucht

☹

– das Verhalten der Schülerin NN gibt oft Anlass zu Störungen in der Gruppe

– sie sollte auch das Arbeiten in der Gruppe ernst nehmen

– bedauerlicherweise bedeutet Gruppenarbeit für sie nicht, leistungsorientiert zu arbeiten

– sie vermeidet, wo immer es geht, mit anderen zusammenzuarbeiten/zu gemeinsamen Ergebnissen zu kommen

– sie geht wenig/kaum auf andere Schüler zu, fühlt sich wohler, wenn sie für sich allein arbeiten kann

– sie ist wenig an den Beiträgen ihrer Mitschüler interessiert

– sie sollte sich weniger durch Nebensächlichkeiten provozieren lassen, sondern sich an den leistungsstarken Schülern orientieren

– sie sollte sich leistungsstarke Schüler als Vorbilder aussuchen

– hat (noch) beträchtliche Schwierigkeiten sich einzuordnen

– sie sollte aufgeschlossener gegenüber ihren Mitschülern sein

– sollte bei der Arbeit in der Gruppe mehr aus sich herausgehen

– sollte auch in der Gruppe aktiver mitarbeiten

– sie verhält sich häufig zu passiv, wenn es um Arbeitsaufträge in der Gruppe geht

Sozialverhalten

Sprache, Umgangston, Umgangsformen

3. Sprache, Umgangston und Umgangsformen

Hier bewertet die Lehrkraft, welcher Zusammenhang zwischen Sprachentwicklung und Schulleistung besteht, ob sprachliche Auffälligkeiten zu beobachten sind; ob der Schüler evtl. deshalb gehänselt bzw. aus der Klassengemeinschaft ausgeschlossen wird; ob er laut und ausdrucksvoll spricht; ob er sich verständlich, gewandt, geschickt, kultiviert, seinem Alter gemäß ausdrücken kann; ob die Gedankenfolge geordnet abläuft; ob seine Beiträge von den Mitschülern beachtet werden; ob Ausdrucksweise und Körpersprache stimmig sind; ob er über einen umfangreichen aktiven und passiven Wortschatz verfügt; ob die Antworten zur Frage/zum Thema passen; ob er Anordnungen, Aufgabenstellungen oder Texte versteht bzw. interpretiert; ob seine Sprache frei ist von Füllwörtern und Verlegenheitsfloskeln;
ob seine Umgangsformen angenehm, höflich, freundlich sind;
ob er weiß, wie er sich Mitschülern/Erwachsenen (Lehrkräften)/ Fremden gegenüber benehmen soll; ob er Situationen richtig einschätzt und angemessen darauf reagiert.

☺

- der Schüler NN beteiligt sich gerne und in angemessener Form an den Klassengesprächen
- hat seinen Äußerungsdrang gut im Griff und hält sich an vereinbarte Gesprächsregeln
- kann sich stets gut verständlich und klar ausdrücken
- spricht fließend und sehr gewandt
- spricht laut und deutlich/mit Ausdruck
- sein umfangreicher Wortschatz fällt angenehm auf/liegt über dem Klassenniveau
- Sachverhalte kann er sehr treffend und in einer logischen Gedankenfolge/ im richtigen Zusammenhang/zusammenhängend beschreiben und wiedergeben

Sozialverhalten

Sprache, Umgangston, Umgangsformen

- hat keine Scheu, seine Meinung/Argumente vor der Klasse öffentlich vorzutragen, ist dabei selbstsicher und gewandt

- ist bereit, anderen zuzuhören und auf ihre Beiträge einzugehen/zu ihren Beiträgen Stellung zu nehmen

- gibt wichtige Impulse in den Unterrichtsgesprächen

- seine Reaktionen/Verhaltensweisen zeigen, dass er Situationen erfassen und richtig einschätzen kann

- steht vielen Unterrichtsthemen sehr aufgeschlossen gegenüber und beteiligt sich gerne und lebhaft an den Diskussionen

- seine guten Umgangsformen sind vorbildlich; er wird deshalb von allen geschätzt und geachtet

- verhält sich angemessen in den verschiedenen schulischen Situationen und kann sich hierbei in sachgerechter/angemessener Weise ausdrücken

- fällt durch seine angenehmen und freundlichen Umgangsformen auf

- seine höflichen Umgangsformen fallen wohltuend auf

- er lässt die guten Umgangsformen auch in kritischen Situationen nicht außer Acht

☹

- der Schüler NN geht nicht immer auf die Beiträge seiner Mitschüler/Gesprächspartner ein, er schweift gerne ab und berichtet von Dingen, die nicht immer zum Lernthema gehören

- es fällt ihm noch schwer, den Inhalt von Texten wiederzugeben

- er braucht bei Anweisungen und deren Interpretation oft noch zusätzliche weitere Hilfen

- er kann seinen Redefluss oft nicht bändigen und lässt andere dadurch nur schwer/kaum zu Wort kommen

- er beachtet noch zu wenig die vereinbarten Gesprächsregeln

Sozialverhalten

Sprache, Umgangston, Umgangsformen

- es fällt ihm schwer, anderen zuzuhören und sie aussprechen zu lassen
- er muss lernen, anderen nicht ins Wort zu fallen und zu warten, bis diese zu Ende gesprochen haben; er hat Schwierigkeiten zu warten, bis er mit seinen Beiträgen an der Reihe ist
- versteht es noch nicht, seinen Äußerungsdrang zu steuern
- lenkt oft durch Fragen und Einwände vom Lernthema ab
- der Gebrauch richtiger Grammatikformen fällt ihm noch schwer, weshalb es im Gespräch oft zu Missverständnissen kommt
- er kann sich seinen Mitschülern/Gesprächspartnern gegenüber nicht immer klar und verständlich ausdrücken
- verfügt über einen normalen/einfachen/seinem Alter entsprechenden Wortschatz
- er verhält sich sehr impulsiv
- er würde sich durch bessere/höflichere Umgangsformen mehr Wohlwollen in der Klasse erwerben
- es fällt ihm schwer, in angemessener Form seine Argumente vorzutragen und zu vertreten
- er hat noch Mühe damit, seine Beiträge laut und verständlich/ausdrucksvoll vorzutragen
- es ist bedauerlich, dass er sich nur dann um höfliche Umgangsformen bemüht, wenn er dazu aufgefordert wird
- es gelingt ihm jetzt häufiger, angemessen und beherrscht auf Kritik/in Konfliktsituationen zu reagieren
- eine Besserung seiner Umgangsformen in der Klasse wurde deutlich/ist spürbar
- es ist erfreulich, dass er sich zunehmend an positiven Verhaltensweisen/Umgangsformen orientiert
- eine positive Entwicklung ist an einer deutlichen Besserung seiner Umgangsformen ablesbar

4. Einsatzbereitschaft und Verantwortungsgefühl

Hier bewertet die Lehrkraft, ob der Schüler bereit ist, sich für Belange der Klasse zu engagieren, zusätzliche Aufgaben zu übernehmen und diese gewissenhaft, zuverlässig, umsichtig, bereitwillig, freiwillig, spontan, verantwortungsbewusst ausführt; ob er begonnene Aufgaben zu Ende führt; ob ihm das Klassenklima wichtig ist und er sich wohlfühlt; ob er gerne in die Klasse geht; ob er bereit ist, Konflikte verbal zu lösen, zu schlichten und zu besänftigen; ob er versucht, Außenstehende zu integrieren, an Schul- und Klassenveranstaltungen teilnimmt und eigene Beiträge einbringt; ob er selbstbewusst auftritt, andere für gemeinsame Ziele mitreißt und begeistert; ob er einen positiven Einfluss auf andere ausübt; welche Stellung und Wertschätzung er in der Klasse hat; ob seine Argumente Gehör finden; ob er verantwortungsbewusst mit fremden Sachen und Materialien umgeht.

☺

- die Schülerin NN fand für ihr Engagement beim letzten Sportfest große Anerkennung
- ist eine zuverlässige und geschätzte Ansprechpartnerin für viele Angelegenheiten, welche die Klasse betreffen
- wirkt durch ihre aufgeschlossene/hilfsbereite/natürliche Art sehr ausgleichend; hat für andere Vorbildcharakter
- ergreift die Initiative für Aktionen, die sich positiv auf die Klassengemeinschaft auswirken
- übernimmt spontan und bereitwillig zusätzliche Aufgaben zum Wohle der Gemeinschaft
- setzt sich für ein harmonisches Klassenklima aktiv ein
- beteiligt sich aktiv an Aktionen innerhalb der Klassengemeinschaft
- übernimmt gerne Aufgaben für andere und führt diese pflichtbewusst/zuverlässig/umsichtig aus

Sozialverhalten

Einsatzbereitschaft, Verantwortungsgefühl

- entwickelt Eigeninitiative; hat originelle/brauchbare Vorschläge, wenn es um die Planung und Durchführung gemeinsamer Projekte geht
- ist bereit, sich spontan und mit großem Erfolg für die Belange ihrer Mitschüler einzusetzen und hat für andere viel Verständnis
- kann sich in die Situation anderer hineinversetzen und deren Wünsche/Meinungen verstehen/akzeptieren/tolerieren
- gewinnt durch ihr Engagement schnell die Achtung/Zuneigung/Wertschätzung anderer
- kann sich zurücknehmen, wenn es um gemeinsame Interessen geht
- geht Aufgaben, die für die Klassengemeinschaft wichtig sind, nie aus dem Weg
- kann Fehler einsehen und konstruktiv mit Kritik umgehen
- ist gegenüber Mitschülern und Lehrern stets hilfsbereit
- kann geschickt Beziehungen/Kontakte zu anderen aufnehmen/knüpfen und trägt damit zu einer spürbaren Verbesserung des Klassenklimas bei
- bestimmt das Klassenklima positiv mit
- übernimmt/verteilt Aufgaben bei gemeinsamen Vorhaben; die übertragene Aufgabe wird von ihr gewissenhaft und zuverlässig erfüllt; so sorgt sie zur Zeit für ...
- verhält sich rücksichtsvoll/verständnisvoll, setzt sich für Schwächere ein, versucht zu helfen
- nimmt sich anderer Kinder gerne an, sofern diese in Schwierigkeiten geraten sind oder Kummer haben
- hält sich an Abmachungen/Absprachen zu gemeinsamen Unternehmungen/hält sich an Spielregeln
- fühlt sich für andere mitverantwortlich und achtet besonders auf ...; unterstützt andere bei ...
- mit den ihr anvertrauten Büchern/Materialien geht sie sehr sorgfältig/achtsam um

Sozialverhalten

Einsatzbereitschaft, Verantwortungsgefühl

- achtet das Eigentum anderer und geht sorgfältig damit um
- reicht ausgeliehene Gegenstände stets ohne Aufforderung zurück

☹

- die Schülerin NN setzt sich nur auf Weisung und Anforderung für gemeinschaftliche Ziele ein
- ist wenig an einem gedeihlichen Klassenklima interessiert
- hat noch Schwierigkeiten, sich in die Klassengemeinschaft einzuordnen
- beteiligt sich nur selten aktiv an gemeinschaftlichen Vorhaben
- ihre Einsatzbereitschaft ist schwankend/ohne Beständigkeit
- überlässt es gern anderen, sich für das Gemeinwesen aktiv einzusetzen
- lässt im Umgang mit Gegenständen die nötige Sorgfalt vermissen
- nimmt zwar an Gemeinschaftsprojekten teil, ist hier aber sehr zurückhaltend und geht wenig aus sich heraus
- findet durch ihr unausgeglichenes Verhalten nur schwer Zugang zu anderen
- es wäre schön, wenn ihre Leistungsfähigkeit sich auch bei gemeinschaftlichen Projekten positiv auswirken würde
- ihre Kreativität/Spontaneität und Fantasie sollten sich auch auf Unternehmungen der Klasse erstrecken
- sie beteiligt sich wenig an Gemeinschaftsaufgaben
- sie ist wenig an gemeinschaftlichen Projekten interessiert
- verhält sich häufig recht passiv, wenn es um gemeinsame Vorhaben geht
- ihr Engagement für gemeinschaftliche Unternehmungen ist noch zu wenig ausgeprägt
- übernimmt Aufgaben im allgemeinen Interesse nur sehr zögerlich

Sozialverhalten

Einsatzbereitschaft, Verantwortungsgefühl

- erledigt die ihr zugewiesenen Aufgaben nicht immer mit der gebotenen Sorgfalt
- vergaß meist, die ihr übertragenen Aufgaben auszuführen
- muss noch lernen, sorgfältig mit den Dingen anderer umzugehen
- findet nicht immer die Anerkennung ihrer Mitschüler, da sie ihren Willen mit allen Mitteln durchsetzen will
- zeigt noch zu wenig Einsatzbereitschaft, wenn es um gemeinschaftliche Vorhaben geht
- versuchte immer wieder für die ihr übertragenen Aufgaben andere heranzuziehen
- entzog sich häufig den ihr übertragenen Aufgaben
- führte die Aufgaben nachlässig/unvollständig durch
- muss noch lernen, sich mit anderen bei gemeinsamen Aufgaben zu beteiligen
- versucht häufig bei gemeinsamen Aufgaben zu dominieren
- gab sich zu wenig Mühe bei der Erledigung gemeinschaftlicher Aufgaben; behinderte andere in ihrem Engagement

5. Verhalten bei Kritik und Konflikten

Hier bewertet die Lehrkraft, ob der Schüler eigene Fehler akzeptieren kann, Anregungen und Hinweise aufnimmt und umsetzt; ob er eine Aufgabe freiwillig und bereitwillig übernimmt oder Widerstand leistet; ob er sich zurücknehmen kann, sich rücksichtsvoll verhält, sich einordnet, nicht vordrängt, sich nicht auf Kosten anderer in den Vordergrund spielt; ob er seine Reaktionen, Gefühlsregungen, Handlungen kontrollieren kann; ob er ausgleichend oder beruhigend wirkt; ob er richtige Gewichtungen setzen oder abwägen kann; ob er Misserfolge/Fehler akzeptieren und tolerieren kann; ob er Verständnis/Mitgefühl für andere/für Schwächere aufbringt, auf andere eingeht; ob er angemessene Lösungsstrategien entwickelt

☺

- der Schüler NN begegnet Lehrkräften/Erwachsenen und Mitschülern offen und freundlich
- kann gut und sehr verständnisvoll auf andere eingehen
- tritt engagiert für andere ein und wirkt sehr ausgleichend in der Klasse
- ist bereit Kompromisse zu schließen
- hat sich in problematischen Situationen stets unter Kontrolle / ist sehr beherrscht
- ist wegen seines freundlichen und integrierenden Verhaltens bei den Mitschülern (Lehrern) sehr beliebt/geschätzt
- versucht auch schwächere Mitschüler zu integrieren, hat ein ausgeprägtes Gerechtigkeitsgefühl für ...
- hat viele Freunde in der Klasse
- sein freundliches und fröhliches Wesen bestimmt das Gruppenklima positiv
- nimmt Kritik offen auf und setzt Verbesserungsvorschläge bereitwillig in gewünschter Weise um

Sozialverhalten

Verhalten bei Kritik und Konflikten

☹

- der Schüler NN drängt sich häufig in auffälliger Weise vor
- verhält sich oft ausgesprochen aggressiv den Mitschülern gegenüber
- stellt oft provozierende Fragen; gibt provozierende Antworten
- steht bestimmten Mitschülern nicht unvoreingenommen gegenüber
- zeigte häufig ein provozierendes und wenig freundliches/hilfsbereites Verhalten
- war häufig in gewaltsame Auseinandersetzungen verwickelt
- ging gewaltsamen/körperlichen Auseinandersetzungen nicht aus dem Wege
- muss lernen, Auseinandersetzungen verbal und gewaltfrei zu führen
- zeigte nur wenig Bereitschaft, Konflikte auf friedlichem Wege zu lösen
- fühlte sich häufig von seinen Mitschülern missverstanden; reagierte daher oft nicht den Situationen entsprechend
- knüpft nur zögernd freundschaftliche Kontakte, zeigt sich als Einzelgänger
- Kritik konnte er nur schwer ertragen
- hat erhebliche Schwierigkeiten sich einzuordnen
- reagiert auf Misserfolge mit Unwillen und Provokationen
- es geht ihm meist um die Durchsetzung eigener Interessen
- belastet mit seinem provozierenden/unbeherrschten Verhalten das Arbeitsklima in der Klasse
- seine Bereitschaft, sich in die Klassengemeinschaft einzufinden, ist sehr schwankend und hängt häufig von vorausgegangenen Erlebnissen ab
- bei Auseinandersetzungen/Meinungsverschiedenheiten reagiert er oft recht aggressiv
- sollte kleine Konflikte nicht mit Überreaktionen beantworten

Verhalten bei Kritik und Konflikten

- es ist erfreulich, dass er sich nun schon etwas besser in die Klassengemeinschaft einordnen kann

- es gelingt ihm noch nicht immer, sich in die Klassengemeinschaft einzuordnen

- bei Gruppenarbeiten trägt er meist wenig zum gemeinsamen Erfolg bei

- begegnet Problemen mit sehr großem Selbstbewusstsein und will sie stets nach seinen Vorstellungen lösen

- muss noch lernen, Konflikte nicht mit körperlichen Reaktionen zu bewältigen

- sollte sich bemühen, in Problemsituationen nicht gleich mit unangemessenen Verhaltensweisen zu reagieren

- findet durch sein unausgeglichenes Verhalten nur schwer Zugang zu seinen Mitschülern

Verhaltensstörungen

6. Verhaltensstörungen

Hier bewertet die Lehrkraft Verhaltensweisen, welche das Arbeits- und Klassenklima sehr stark belasten, stören und beeinträchtigen.

☹

- die Schülerin NN ist nicht in der Lage, die Wirkung ihrer Reaktionen auf andere einzuschätzen
- stört den Unterricht durch ihr unbeherrschtes Verhalten
- ist sehr unruhig und drängt sich allzu häufig in den Vordergrund
- sollte sich um ein rücksichtsvolleres Verhalten bemühen
- ist nicht/selten bereit, auf die Bedürfnisse anderer Rücksicht zu nehmen
- sie hätte sicher mehr Freunde in der Klasse, wenn sie Konflikte nicht immer durch körperliche Auseinandersetzungen lösen würde
- wenn sie ihre lauten/auffälligen/störenden Verhaltensweisen etwas mehr in den Griff bekommen würde, stünde sie sicher nicht so isoliert in der Klassengemeinschaft da
- in manchen Situationen geht das Temperament mit ihr durch; wenn sie weniger impulsiv handeln würde, bedeutete dies eine große Entlastung des Arbeitsklimas in der Klasse
- im Interesse eines gedeihlichen Arbeitsklimas wäre zu wünschen, dass sie möglichst bald andere Konfliktlösungen findet
- ihr Verhalten belastet das Klassenklima stark
- mit ihrem aggressiven Verhalten beeinträchtigt sie auch die Leistungsfähigkeit ihrer Mitschüler
- sie neigt bisweilen zu unkontrollierten Wut-/Zornausbrüchen
- es fällt ihr schwer, sich in die Ordnung des Schullebens einzufügen
- sie hat erhebliche Schwierigkeiten, sich gegenüber ihren Mitschülern/den Erwachsenen ruhig und ausgeglichen zu verhalten

Formulierungs-Bausteine für
Besonderheiten

1. Individuelle Interessen

Hier beurteilt die Lehrkraft, ob sich der Schüler für die Lerninhalte oder für Teilbereiche besonders interessiert; ob er hier Wissen einbringt, das er aufgrund eigener Anstregungen oder aus eigenem Antrieb außerhalb der Schule erworben hat; ob er zum Thema passende Fragen stellt; ob er zusätzliche Materialien mit in den Unterricht bringt; ob sich der schulische Unterricht positiv auf die Freizeitgestaltung des Schülers auswirkt; ob er durch den Unterricht zum Lesen, Sammeln, Suchen angeregt wird – auch für Bereiche, die nicht unbedingt mit dem Schulwissen abgedeckt werden; ob er andere Personen mit seiner Begeisterung für ein Lernthema anstecken kann.

☺

- der Schüler NN verfügt auf dem Gebiet der ... über ein umfangreiches/beachtliches/erstaunliches Wissen
- er hat ein ausgeprägtes Interesse für ...
- er bringt aufgrund seines großen Wissens über ... im Unterricht viele gute Beiträge, von denen auch die anderen Schüler der Klasse profitieren
- interessiert sich besonders für ... und ist hier ein Vorbild für andere Schüler; spornt diese zur Beschäftigung mit dem Thema an
- bereichert durch sein großes Interesse für ... den Unterricht
- hat eine besondere Vorliebe für das Thema ... und beschäftigt sich über den Unterricht hinaus damit; hier eignete er sich bereits ein exklusives (Detail-) Wissen an
- hat durch sein lebhaftes Interesse an ... /bereits einen großen Wissensvorsprung in Bezug auf ...
- bringt wichtiges Detailwissen in den Unterricht mit ein und trägt dadurch bei zu einem lebendigen und motivierenden Stundenverlauf

Besonderheiten

Individuelle Interessen

- unterstützt mit seinem großen Wissen im Bereich ... den Unterricht und trägt hier in hohem Maße zum Unterrichtserfolg bei
- zeigt ein breit gefächertes Interesse, das sich für viele Unterrichtssituationen als förderlich/gedeihlich erweist
- versteht es sehr geschickt, sein persönliches Interessensgebiet in schulische Bereiche/in den Unterricht einzubinden
- investiert viel Arbeit und Zeit für seine besonderen Interessen auf dem Gebiet ...
- widmet sich mit Ausdauer und hoher Motivation seinen besonderen Interessen für ...
- beschäftigt sich gerne mit ...
- bringt viele gute und interessante Beiträge zum Thema ...
- forscht/experimentiert/tüftelt/informiert sich aus eigenem Antrieb ...
- verfügt über viele Kenntnisse zu ... / zeigt eine enorme Wissbegier hinsichtlich ...
- glänzt durch seine künstlerische/musikalische Begabung und bereichert mit seinen Darbietungen/Auftritten Schulfeiern und -feste

☹

- der Schüler NN interessiert sich noch zu wenig für Themen, die seinem Alter gemäß Aufmerksamkeit erregen müssten
- muss immer wieder aufgefordert werden, Materialien mitzubringen und von eigenen Kenntnissen/Erfahrungen/Erlebnissen zu berichten
- interessiert sich wenig für ...
- verwendet seine Energien für Dinge, die sein Wissen und seine Fähigkeiten nicht begünstigen/erweitern/positiv beeinflussen
- es wäre schön, wenn er sich für ... mehr begeistern könnte

- er stellt kaum weiterführende Fragen

- wenn er etwas mehr Interesse für ... entwickelte, würde sich dies sicherlich auch positiv auf seine anderen schulischen Leistungen auswirken

- nur manchmal bereichert er das Unterrichtsgespräch durch eigene Beiträge

- er sollte sich auch außerhalb der Schule mit einer sinnvollen Aufgabe beschäftigen und sich intensiv und regelmäßig damit befassen

- um seine überschüssigen Energien sinnvoll einzusetzen, wäre es wünschenswert, wenn NN sich außerhalb der Schule regelmäßig mit einem selbstgewählten Bildungsinhalt beschäftigen würde

- er zeigt Ansätze für ein persönliches Interesse hinsichtlich ...

- er sollte sein beginnendes/aufkeimendes Interesse für ... unbedingt weiter pflegen

Besonderheiten

Kenntnisse, Fertigkeiten, Fähigkeiten

2. Kenntnisse, Fertigkeiten, Fähigkeiten

Hier bewertet die Lehrkraft ganz konkret besondere Fähigkeiten und Fertigkeiten des Schülers, die dem Alter gemäß sind, die als vorhanden vorausgesetzt werden können oder die als überdurchschnittlich bis hervorragend bezeichnet werden können; außerdem Fähigkeiten und Fertigkeiten, die nicht durch das Schulwissen abgedeckt sind.

☺

- die Schülerin NN verfügt über sehr gute/bemerkenswerte Kenntnisse im Bereich …
- wir freuen uns sehr über ihr Ferien-/Tier-/Tagebuch und hören ihr immer gespannt zu, wenn sie daraus vorliest
- sie weiß sehr viel über … sie liest schon viel über …
- sie ist sehr aufmerksam im Morgenkreis und kann sehr schön/fantasievoll frei erzählen; sie teilt gerne mit, was sie erlebt/beobachtet/ herausgefunden hat
- sie kann sehr geschickt mit Werkzeugen/Geräten umgehen
- ihr Orientierungssinn ist sehr gut ausgeprägt
- im Umgang mit … ist sie sehr geschickt
- es fällt ihr leicht, logische Zusammenhänge zu erkennen
- besonders zu erwähnen ist ihre große Liebe zu Tieren und Pflanzen
- ihr schauspielerisches Talent bringt ihr immer wieder die Bewunderung ihrer Mitschüler ein
- sie hat ein sehr gutes Gefühl für Formen und Farbharmonien
- sie ist motorisch sehr geschickt und hat viel Freude am Basteln und Werken

Besonderheiten

Kenntnisse, Fertigkeiten, Fähigkeiten

- sie liest sehr viel und sehr gerne und verfügt über einen auffallend guten Wortschatz
- mit ihrem Flötenspiel hat sie unsere Schulfeier bereichert
- sie kennt viele Bücher und berichtet im Unterricht gerne darüber, was sie Neues erlesen/erfahren hat

☹

- sie sollte noch etwas mehr Geschick beim Umgang mit der Schere/mit Werkzeugen/mit Werkstoffen erwerben
- sie sollte zu Hause den Umgang mit ... üben
- das Schneiden und Falten könnte sie auch zu Hause üben, dann würde sie in der Schule bestimmt sehr viel schneller arbeiten können
- sie sollte den Umgang mit Wörterbuch und Lexikon üben, das hilft beim Lernen
- es wäre schön, wenn sie mehr Bücher lesen würde und dadurch ihren Wortschatz verbessern/erweitern könnte
- wenn sie sich beim Beobachten und Erkunden von ... Notizen machen würdest, käme sie zu besseren Lernergebnissen
- sie kann gut mit Plan und Karte umgehen; bei etwas mehr Anstrengung könnte sie auch bessere Lernergebnisse im Bereich der Geometrie erzielen
- im Umgang mit Werkstoffen und Arbeitsmaterialien ist sie oft zu großzügig und verschwenderisch
- sie kann sehr schön zeichnen, leider fehlt ihr meist die notwendige Ausdauer, um ihre Bilder zu Ende zu bringen

Formulierungs-Bausteine für das Fach

Deutsch

1. Lesen

☺

- du kannst beim Lesen den Sinn erfassen und das Gelesene mit deinen eigenen Worten im richtigen Zusammenhang wiedergeben
- du kannst den Sinn eines Textes schnell erfassen und beim Vorlesen gut gestalten
- du kannst einen Text ohne fremde Hilfe erlesen, den Sinn erfassen und anschaulich und folgerichtig nacherzählen/zusammenfassen
- du kannst Texte beim lauten Vorlesen auch ohne vorheriges Üben ausdrucksvoll vortragen
- das Lesetempo ist angemessen/vorbildlich
- du kannst gut laut vorlesen und vortragen; du versprichst dich dabei nicht und machst auch sonst keine Fehler
- nach einigem Üben kannst du Texte sehr eindrucksvoll vortragen
- du kannst selbständig den Sinn/die Aussage eines Textes erfassen
- du kannst Texte selbständig/kritisch beurteilen und dir eine eigene Meinung über den Inhalt bilden
- du kannst Aufgaben zu einem Lesetext selbständig bearbeiten
- du liest gern und viel; wir freuen uns, dass du die Schülerbücherei so oft nutzt
- du kannst Texte gliedern und Stichpunkte zum Inhalt herausarbeiten
- du hast den Leselehrgang erfolgreich abgeschlossen und kannst Texte in Druck- und Schreibschrift fließend lesen und inhaltlich verstehen

Deutsch

Lesen

☹

- bei ausreichender Zeit wirst du mit den Leseaufgaben meist alleine fertig
- Texte sinnerfassend zu lesen, gelingt dir noch nicht (immer)
- wenn du ausreichend übst, kannst du kurze Texte laut vorlesen
- du liest sicher und kannst den Sinn des Gelesenen erfassen, kannst aber nicht gut laut vortragen und machst dabei viele Fehler
- fremde Texte kannst du noch nicht ohne zusätzliche Hilfen erlesen
- du hast noch einige Schwierigkeiten, unbekannte Texte zu erlesen und deren Sinn zu erfassen
- mit etwas mehr Übung schaffst du es sicherlich bald, neue Texte auch allein zu erlesen
- es fällt dir oft noch schwer/gelingt dir nicht immer, den Sinn umfangreicherer Lesetexte zu erfassen und wiederzugeben
- dein Lesetempo kann mit Übung gesteigert werden
- du magst nicht gerne laut vorlesen und musst dich gut darauf vorbereiten
- längere Geschichten und ganze Bücher liest du noch nicht so gerne, weil du nicht zügig vorankommst und dann den Mut verlierst
- du solltest häufiger laut lesen, weil du so mehr Leseerfahrung bekommst und in der Schule beim lauten Vorlesen bessere Erfolge erzielen könntest
- die Leseaufgaben kannst du gut verstehen; am liebsten beantwortest du sie aber mündlich
- du hast mit großem Fleiß im Lesen Fortschritte gemacht. Jetzt kannst du einfache/kurze Texte selbständig erlesen
- du kannst schon gut kurze Sätze und einfache Geschichten lesen und Fragen dazu beantworten; beim lauten Vorlesen wirst du allerdings schnell unsicher, wenn ein längeres/unbekanntes Wort vorkommt

- beim Lesen eines Textes kannst du noch nicht aufmerksam folgen; es gelingt dir nicht immer, die ganze Geschichte nachzuerzählen

- du machst gute Fortschritte beim Lesen; geübte Texte kannst du schon etwas besser als ausreichend lesen

- deine Leistungen im Lesen sind noch nicht befriedigend, besonders wenn du Texte liest, die du noch nichts kennst

- es gelingt dir noch nicht, fremde Wörter oder geübte Sätze zu erlesen

- du bist noch nicht in der Lage, gelernte Buchstaben oder Wörter in Schreib- und Druckschrift sicher wiederzuerkennen

- du hast Mühe, verschiedene Laute zu unterscheiden und kannst auch kleine/längere unbekannte Wörter noch nicht erlesen

Deutsch

Rechtschreiben, mündlicher und schriftlicher Ausdruck

2. Rechtschreiben, mündlicher und schriftlicher Ausdruck

☺

- du kannst dich fantasievoll ausdrücken
- du hast einen sehr umfangreichen/abwechslungsreichen Wortschatz
- du kannst deine Gedanken geordnet/im richtigen Zusammenhang aufschreiben
- du wendest Grammatik- und Rechtschreiberegeln richtig an
- du bist sehr sicher im Rechtschreiben
- du besitzt sichere Kenntnisse im Rechtschreiben/in der Grammatik und wendest dein Wissen auch richtig an
- du kannst die Grammatikregeln und -begriffe richtig und sicher anwenden
- Rechtschreib-/Grammatikregeln begreifst du mühelos und wendest sie auch richtig an
- du kannst deine Meinung gut formulieren und Gesprächsbeiträge sinnvoll miteinander verknüpfen
- du kannst deine Gedanken klar und verständlich ausdrücken
- das richtige Schreiben der Wörter bereitet dir keine Schwierigkeiten
- du bist sicher im Gebrauch der Schriftsprache
- dass du beachtliche sprachliche Fähigkeiten hast, zeigt dein umfangreicher aktiver und passiver Wortschatz
- du kannst deine Gedanken gut in Worte fassen
- deine Formulierungen sind klar und verständlich
- deine Schreibarbeiten erledigst du fehlerfrei und mit großer Sorgfalt
- du kannst sehr anschaulich/sachgerecht erzählen und berichten

Rechtschreiben, mündlicher und schriftlicher Ausdruck

- du hast das Schreiben und Lesen sehr schnell gelernt und viel Freude an den Aufgaben, die von dir verlangt werden
- du denkst dir oft auch eigene/zusätzliche/ideenreiche Zusatzarbeiten aus
- deine schriftlichen Arbeiten machen viel Freude
- deine schriftlichen Arbeiten sind anschaulich, sehr ausführlich und sehr genau im Ausdruck; du findest viele treffende Wörter, um Situationen zu beschreiben und Dinge darzustellen
- deine schriftlichen Darstellungen sind interessant und inhaltlich richtig aufgebaut
- auch ungeübte Texte schreibst du meist fehlerfrei; du überprüfst sorgfältig das Geschriebene und korrigierst Fehler sofort

☹

- du hast bei schriftlichen Formulierungen noch Schwierigkeiten mit der Grammatik
- die Rechtschreibung mehrsilbiger Wörter fällt dir noch recht schwer
- die Unsicherheiten bei der Rechtschreibung konnten noch nicht beseitigt werden
- du kannst lautgetreue und kurze Wörter richtig schreiben, bei der Anwendung von Rechtschreibregeln hast du noch Schwierigkeiten
- das Schreiben unbekannter Wörter bereitet dir noch Schwierigkeiten
- wenn du viel Zeit hast, kannst du schon viele bekannte Wörter richtig schreiben
- deine Schreibgeschichten sind meist nur kurz und weisen Fehler auf, die den Sinn entstellen
- deine schriftlichen Leistungen sind stark beeinträchtigt durch zahlreiche Rechtschreibfehler/Flüchtigkeitsfehler

Deutsch

Rechtschreiben, mündlicher und schriftlicher Ausdruck

- du solltest beim Schreiben konzentrierter sein, um die zahlreichen Flüchtigkeitsfehler zu vermeiden
- du kannst dich noch nicht genug konzentrieren; kurze Texte schreibst du auch nach häufigem Üben nicht fehlerfrei
- du zeigst Unsicherheiten im Gebrauch der Rechtschreib- und Grammatikregeln
- schriftliche Aufgaben bearbeitest du nur ungern
- schriftliche Aufgaben bearbeitest du mit zunehmender Sicherheit
- in der Rechtschreibung fällt es dir noch schwer, Regeln zu erkennen und anzuwenden; du solltest das Geschriebene stets sorgfältig auf Fehler hin überprüfen
- beim Diktat kannst du nun schon viele Wörter mitschreiben; wenn du dir weiter Mühe gibst und regelmäßig am Förderunterricht teilnimmst, wirst du sicher bald bessere Leistungen zeigen
- du schreibst gerne deine Erlebnisse und Beobachtungen auf, brauchst aber noch viele Hilfen beim Satzbau und Rechtschreiben
- du kennst zwar die meisten Rechtschreib-/Grammatikregeln, wendest sie aber in den Diktaten/beim Schreiben noch zu unsicher an
- beim Schreiben hast du oft gute Gedanken und Ideen; du erzählst anschaulich und ausführlich; achte aber beim Durchlesen noch stärker auf Fehler
- du schreibst auch geübte Texte noch mit vielen Fehlern; besonders gleich/ähnlich klingende Laute verwechselst du noch zu oft
- du musst dir vorher überlegen, was und in welcher Reihenfolge du erzählen willst
- konzentriere dich auf das Wesentliche und versuche durch treffende Ausdrücke anschaulicher zu erzählen
- du hast gelernt, einfache Sätze besser zu formulieren
- deine Rechtschreibleistungen sind noch nicht befriedigend; wir werden gemeinsam nach Übungsmöglichkeiten suchen, die dich beim Schreiben von Diktaten sicherer werden lassen

3. Schrift

☺

- deine Schrift ist gut lesbar, sauber und ordentlich
- das Schriftbild wirkt gleichmäßig
- deine geschriebenen Texte sind frei von Verschreibungen und Verbesserungen/Korrekturen
- du schreibst zügig, trotzdem ist das Schriftbild formklar
- deine Schrift weist bereits individuelle Charakterzüge auf; das Schriftbild wirkt gleichmäßig und klar
- deine Schrift wirkt gefestigt und klar
- deine Schrift ist sauber, formschön und sehr gut lesbar
- du kannst sehr schön schreiben und hast hierbei keinerlei Probleme
- es macht dir viel Freude, konzentriert einen Text abzuschreiben und schriftlich zu gestalten
- deine Schrift ist klar gegliedert und gut lesbar
- schriftliche Arbeiten führst du sauber, übersichtlich geordnet und mit einer stets ausgewogenen, schönen Handschrift aus
- deine Handschrift ist sauber, die einzelnen Buchstaben sind klar/gut zu erkennen
- ich freue mich besonders, dass du jetzt eine ansprechende, klar gegliederte Schrift hast und viel Wert auf eine saubere Heftführung legst
- du schreibst sehr schön und führst deine Hefte übersichtlich und gewissenhaft
- du vermagst schnell und schön zu schreiben
- Buchstaben und Wörter kannst du mit großer Sorgfalt und Sauberkeit niederschreiben

Deutsch

Schrift

☹

- um beim Schreiben sicherer und schneller zu werden, brauchst du noch viel Übung
- die Schreibschrift gelingt dir schon besser, am liebsten aber möchtest du weiterhin nur in Druckschrift schreiben
- deine Handschrift wird allmählich fließender und klarer/deutlicher
- wenn du dir Mühe gibst und viel Zeit hast, kannst du schon viel besser schreiben; meist arbeitest du jedoch lustlos und flüchtig
- es gelingt dir schon viel besser, beim Schreiben die Linien einzuhalten
- du lässt noch zu wenig Abstand zwischen den einzelnen Wörtern
- Buchstaben schreibst du etwas wackelig, deshalb fällt es dir schwer, das Geschriebene auf Anhieb selbst zu lesen
- der Übergang von der Druck- in die Schreibschrift fällt dir noch immer recht schwer/bereitet dir Schwierigkeiten
- deine schriftlichen Arbeiten fertigst du zunehmend sorgfältiger und sauber an, obwohl du dich noch oft verschreibst
- Buchstaben und Wörter musst du noch oft verbessern, was mit etwas mehr Übung und Sorgfalt vermieden werden sollte
- beim Schreiben solltest du etwas mehr auf die genaue Ausführung der Buchstaben achten
- du schreibst zu sehr an den rechten Rand, dadurch wirkt das gesamte Schriftbild unschön; trenne rechtzeitig
- deine Schrift ist noch zu ungleichmäßig
- die Sauberkeit leidet unter deinem Bestreben, immer möglichst rasch mit der Schreibarbeit fertig zu werden
- du machst zu wenig Unterschiede zwischen Groß- und Kleinbuchstaben
- du kennst noch nicht alle Buchstaben und verwechselst einige ständig

Formulierungs-Bausteine für das Fach

Mathematik

1. Grundrechenarten und Rechenfertigkeit

Bewertet werden die Rechenfertigkeiten im Zahlenraum bis 20 (bis 100, 1000 und über 100 000), Verstehen und Rechnen mit Größen, Längen, Hohlmaßen, Gewichten, Geldbeträgen, Zeitangaben, Flächen, Formen, Strukturen, Spiegelungen und Lagebeziehungen

☺

- du hast die Zahlenvorstellung im Zahlenraum bis ... gut entwickelt
- du rechnest sicher im Zahlenraum bis ...
- du beherrscht alle schriftlichen und mündlichen Rechenverfahren im Zahlenraum bis ...
- du bist in der Lage, Rechenergebnisse zu überschlagen, schnell zu errechnen und selbständig auf Richtigkeit zu überprüfen
- du erkennst Rechenvorteile und wendest sie richtig an; Rechenstrategien herauszufinden macht dir großen Spaß
- du bist sehr sicher im Kopfrechnen und im Umgang mit dem Einmaleins
- du erkennst schnell Gesetzmäßigkeiten und entwickelst sinnvolle Lösungsstrategien
- Rechnen macht dir großen Spaß; es ist für dich immer eine willkommene Herausforderung, neue Aufgaben gestellt zu bekommen
- mit viel Ehrgeiz und Leistungswillen findest du meist brauchbare eigene Lösungswege
- du kannst Lösungsmöglichkeiten ohne fremde Hilfe auch auf andere Aufgaben übertragen
- du rechnest flink und sicher; meist brauchst du weniger Zeit als vorgesehen

Mathematik

Grundrechenarten und Rechenfertigkeit

- du rechnest gern (zusätzliche) Aufgaben, die du dir selbst ausgedacht/ ausgesucht hast
- du verfügst über ein ausgeprägtes mathematisches Verständnis
- du kannst mit Rechenregeln sicher umgehen und rechnest Übungsaufgaben meist völlig fehlerfrei
- in Mathematik rechnest du sicher im Zahlenraum bis … ; du bist bereit, dein Können an Langsamere mitzuteilen und zu helfen
- du rechnest schnell und sicher; schriftliche Additionen und Subtraktionen sowie Einmaleins-Aufgaben kannst du meist fehlerfrei rechnen
- in deinem Aufgabenheft hast du fleißig und sehr sauber gerechnet und schon viele zusätzliche Aufgaben freiwillig gelöst
- du kennst dich im erarbeiteten Zahlenraum (sehr) gut aus und kannst hier alle Aufgabenarten lösen
- in Mathematik bist du nach wie vor sehr sicher in allen Rechenarten; auch große Zahlen, z.B. bis … bereiten dir keine Schwierigkeiten
- du kannst die gelernten Zahlen bis … zerlegen, halbieren, verdoppeln …
- du kannst Geldbeträge abzählen und auf verschiedene Weise darstellen
- du kannst Plus- und Minusaufgaben mit Zehnerüberschreitung/Hunderterüberschreitung ohne Hilfsmittel rechnen
- in Mathematik löst du alle erfolrderlichen Aufgaben im Zahlenraum bis … sicher und selbständig
- du hast die Ziele des Mathematikunterrichts (voll) erreicht
- du hast eine klare Zahlenvorstellung und kannst die Aufgaben im Zahlenraum bis … sicher rechnen
- in Mathematik beherrschst du die Grundrechenarten im Zahlenraum bis … und setzt dein Wissen oft gezielt ein
- du hast kaum Mühe, dich ohne Hilfen auf veränderte Aufgabenformen umzustellen oder Sachaufgaben zu lösen
- du kannst aus Sachzusammenhängen Zahlenaufgaben zu entwickeln

☹

- deine Zahlvorstellung ist häufig noch an konkrete Anschauungsmittel gebunden
- du brauchst zum Lösen der Aufgaben häufig noch zusätzliche Hilfen/genaue Anweisungen
- du rechnest mit Rechenhilfen schon recht sicher im Zahlenraum bis ...
- du brauchst für deine Aufgaben viel Ruhe und Zeit
- du wirst immer sicherer im Umgang mit Zahlen bis ...
- du bist in letzter Zeit öfter bereit gewesen, Rechenaufgaben allein und ohne fremde Hilfe zu bearbeiten
- du könntest jetzt auch versuchen, Rechenaufgaben allein/ohne zusätzliche Hilfen/selbständig zu lösen
- im Fach Mathematik kannst du einfache Aufgaben im Zahlenraum bis ... lösen; du brauchst dabei recht viel Zeit und eine Rechenhilfe; besonders beim ... hast du noch große/erhebliche Schwierigkeiten
- im Rechnen hast du die Aufgabe zwar verstanden und kannst sie rechnen, doch du kommst noch häufig zu einem falschen Ergebnis
- du rechnest jetzt schon viel sicherer im Zahlenraum bis ...
- anfänglich hast du deine Aufgaben sehr ordentlich und vollständig erledigt; du solltest dich bemühen, dass dies wieder so wird
- im Rechnen hast du das Einmaleins (...) gut gelernt und kannst Aufgaben rechnen; jedoch in neuen Zusammenhängen gelingen die Rechenoperationen nicht und du kommst zu falschen Ergebnissen
- Einmaleins-Aufgaben bereiten dir noch Schwierigkeiten, weil die Reihen nicht auswendig gelernt wurden
- du brauchst beim Addieren (...) immer ausreichend Zeit und kannst dann mit zusätzlicher Hilfe auch mit neuen Zahlen rechnen
- du hast das Ziel des Mathematikunterrichts nicht erreicht

Mathematik

Grundrechenarten und Rechenfertigkeit

- in deinem Arbeitsheft hast du leider nur sehr wenige Aufgaben gerechnet/gelöst, weil es dir schwer fällt, dich über längere Zeit auf ein Thema zu konzentrieren
- das Rechnen im Zahlenraum bis 100 bereitet dir noch Schwierigkeiten
- du kannst nur Zahlen addieren und subtrahieren, wenn dabei keine Zehner/Hunderter überschritten werden
- das Einmaleins hast du bisher leider nicht gelernt, deshalb konntest du auch nicht alle Rechenaufgaben selbständig/vollständig lösen und hast bei den Klassenarbeiten auch wenig Erfolg
- du kannst jetzt schon recht sicher schriftlich zusammenzählen, hast jedoch beim Abziehen und Ergänzen noch ziemlich große Schwierigkeiten
- bei selbständigem Arbeiten fehlen dir häufig die nötige Ausdauer und die Konzentration; so hast du beim Übungsrechnen immer zu wenige Aufgaben gelöst
- du hast den Zahlenraum bis ... kennengelernt, doch beim Rechnen machst du noch häufig Fehler; du musst noch fleißig üben, um sicherer zu werden
- die Einmaleins-Aufgaben hast du verstanden, rechnest die Aufgaben aber noch viel zu langsam und verrechnest dich häufig
- beim Kopfrechnen bist du manchmal noch etwas unsicher, das kannst du aber durch weiteres fleißiges Üben bald ausgleichen
- in Mathematik hast du große/erfreuliche Fortschritte gemacht, besonders im Sachrechnen konntest du deutlich aufholen
- in Mathematik hast du Mühe, die Aufgaben zu durchschauen; du hast mit großem Fleiß das Einmaleins auswendig gelernt, aber beim Rechnen benötigst du noch gezielte Hilfen
- in Mathematik brauchst du beim Lösen von geübten Aufgaben im Zahlenraum bis ... immer noch Anschauungsmaterial oder die Hilfe der Lehrerin/eines Mitschülers
- im Mathematikunterricht kannst du die behandelten Rechenarten nur sehr langsam durchführen
- deine Leistungen in Mathematik sind sehr schwankend

2. Lösen von Text- und Sachaufgaben

☺

- du kannst schwierige Sachverhalte durchschauen und selbständig Lösungswege finden
- du kannst Textaufgaben selbständig lösen
- du kannst aus Textaufgaben Rechenregeln und Rechenwege selbständig herausfinden und auf ähnliche Sachverhalte übertragen
- du kannst bekannte Lösungswege auch auf Textaufgaben anwenden und für richtige Lösungen nutzen
- du erfasst bei Sachaufgaben die logischen/inneren Zusammenhänge
- du fasst Sachverhalte rasch auf und kannst sie gliedern und ordnen
- du gehst sehr sicher mit den Zeichengeräten und Anschauungsmitteln um
- du kennst geometrische Formen und kannst in Sachaufgaben die richtigen Flächen/Maßen/Größen berechnen
- du hast ein gut ausgeprägtes räumliches Denken; daher bereitet es dir keine Schwierigkeiten, Sachaufgaben auch auf diesem Gebiet zu lösen
- wie schnell du rechnerische und sachliche Zusammenhänge erfasst, zeigst du beim Lösen von Textaufgaben, die du selbständig aufschlüsseln und lösen kannst; besonders lobenswert ist, dass du auch hier sauber und sehr übersichtlich arbeitest
- es macht dir Spaß, im Sachrechnen und im Umgang mit Größen und Maßen neue Zusammenhänge zu entdecken und daraus Aufgaben in allen Rechenarten abzuleiten
- du kannst mit Sachaufgaben sicher umgehen
- du kannst Sachaufgaben verstehen und lösen
- du kannst auch schwierige Sachaufgaben zu den Größenbereichen Geld und Längen richtig lösen

Mathematik

Text- und Sachaufgaben

☹

- du kannst nur mit zusätzlichen Hilfen/Hinweisen/Erklärungen Sachverhalte erkennen und Lösungswege finden
- du hast Schwierigkeiten, bei Sachaufgaben die Fragen und Aufgabenstellungen herauszufinden
- du hast noch Mühe, Sachaufgaben zu durchschauen und die Problem-/Fragestellungen herauszufinden
- Sachaufgaben bereiten dir noch Schwierigkeiten; hier hast du Mühe, Sachverhalte zu erkennen und sie in Rechenaufgaben umzusetzen
- es fällt dir schwer/nicht leicht, sachliche und rechnerische Zusammenhänge zu durchschauen
- bei Textaufgaben holst du dir manchmal noch zusätzliche Hilfen
- du bist beim Rechnen mit Textaufgaben auf Hilfe angewiesen; unter Anleitung jedoch gelingen die Rechnungen ganz gut
- Aufgaben mit Sachproblemen kannst du (bereits) mit kleinen Hilfen lösen
- du solltest weiterhin viele ähnliche Sachaufgaben üben, um erfolgreicher zu rechnen
- immer häufiger kannst du jetzt Sachaufgaben ohne fremde Hilfe lösen
- beim Sachrechnen findest du meist erst mit gezielten Hilfen Lösungswege
- bei schwierigeren Sachaufgaben brauchst du viel Zeit und eine Rechenhilfe/unterstützende Erklärungen
- du mühst dich sehr, Sachaufgaben so aufzuschlüsseln, dass du Rechenansätze erkennen kannst; hoffentlich gibst du nicht auf, denn du hast in letzter Zeit schon deutliche Fortschritte gemacht
- der Umgang mit Lineal und Meterstab fällt dir noch schwer
- es fällt dir schwer, Zusammenhänge bei Textaufgaben zu durchschauen
- Sachaufgaben, in denen Längen (...) vorkommen, fallen dir noch schwer

Sachkundeunterricht

☺

- du beobachtest sehr genau und konzentriert Versuche und Experimente im Sachunterricht
- du bringst vor allem naturkundlichen Sachbereichen großes Interesse entgegen
- du zeigst besonderes Interesse an ... Themen
- du gehst sehr gerne mit Landkarte und Atlas um und kannst dich schnell und sicher auch in der Wirklichkeit orientieren
- du bereicherst den Sachunterricht durch sehr gute eigene Beiträge
- du bringst im Sachunterricht oft Wissen ein, das du dir außerhalb der Schule angeeignet hast
- du zeigst reges Interesse an Versuchen und Experimenten; dabei gehst du sehr sorgfältig vor und hältst dich an die Anweisungen
- Arbeitsaufträge im Sachunterricht führst du genau aus
- bei Versuchen und deren Auswertung zeigst du Geschick und viel Sachverstand
- im Sachkundeunterricht kannst du Informationen selbständig beschaffen und ordnen
- im Sachunterricht zeigst du viel Interesse und Vorwissen; besonders beeindruckend sind deine Kenntnisse in ...
- beim Beobachten und Experimentieren gewinnst du eigene Erkenntnisse, die du sprachlich gut wiedergeben kannst
- du kannst aus Versuchen/Beobachtungen/Untersuchungen richtige Schlussfolgerungen ziehen
- du kannst Sachverhalte richtig einschätzen, gliedern und sprachlich richtig wiedergeben
- du hast ein besonders gutes Gedächtnis für Zahlen; mit Tabellen, Grafiken und Schaubildern kannst du gut umgehen

Sachkundeunterricht

– du entdeckst in Sachverhalten wichtige allgemeine Zusammenhänge

– du trägst mit interessanten Vermutungen und brauchbaren Vorschlägen zur Lösung von Sachproblemen bei

– deine Arbeitsmappe im Sachkundeunterricht hast du vorbildlich geführt und mit bunten Bildern ausgestaltet

– die Texte in deiner Arbeitsmappe hast du durch sehr schöne Fotos und Zeichnungen ergänzt

– du kannst Hintergründe und Zusammenhänge schnell erfassen und richtig zuordnen

– du kannst Wissen und praktisches Tun gut miteinander verbinden

– du öffnest dich bereitwillig neuen Lernthemen

– besonders interessiert bist du an ...

– du kannst Beobachtungen/Erlebnisse/Erfahrungen mit Tieren (Pflanzen usw.) sehr treffend und in einem logischen Zusammenhang darstellen

– Erlebnisse/Beobachtungen/Experimente kannst du sachlich richtig beschreiben und erklären

– komplexe Zusammenhänge/Sachverhalte kannst du schnell erfassen und sie anderen richtig erklären

– du kannst Gelerntes/neues Wissen auch auf andere Situationen übertragen und dir eigene, neue Gedanken dazu machen

– du arbeitest im Sachkundeunterricht aufmerksam mit und hast schnell verstanden, was besprochen und gezeigt wurde; das Gelernte behältst du und kannst es zu einem späteren Zeitpunkt noch richtig wiedergeben

– dein Einsatz im Sachkundeunterricht ist vorbildlich; du hast gelernt, dir selbständig aus vielen Materialien wichtige Kenntnisse zu erarbeiten und deine Ergebnisse anderen anschaulich mitzuteilen

– den Heimat- und Sachkundeunterricht verfolgst du mit sichtbarer Freude und bereicherst ihn oft durch eigene Beiträge

– im Sachunterricht fragst du nach Ursachen und willst Zusammenhänge wissen

☹

- du interessierst dich leider nur wenig für sachkundliche Themen
- du magst gerne Tiere (Pflanzen ...), neigst jedoch zu oberflächlichem Betrachten/Beschreiben/Hinschauen; es wäre schön, wenn du uns künftig mehr über deine Beobachtungen/Erlebnisse mitteilen würdest
- in letzter Zeit hast du häufig Bücher und Bilder zu den aktuellen sachkundlichen Themen mitgebracht; wir würden uns nun sehr freuen, wenn du auch deine mündlichen Beiträge interessanter gestalten würdest
- im Sachunterricht hast du anfänglich meist gut mitgearbeitet, dein Interesse ließ aber leider schon bald nach
- meinst du nicht auch, dass du mehr Interesse und Fleiß auch bei naturkundlichen (technischen, heimatkundlichen ...) Themen zeigen solltest?
- deine Arbeitsmappe würde dir sicher mehr Spaß machen, wenn du sie übersichtlicher und ordentlicher führen würdest
- unsere Experimente mit Licht (Wasser ...) hast du interessiert verfolgt und genau beobachtet; leider zeigten die Aufzeichnungen in deiner Arbeitsmappe (deine Textergebnisse), dass du die wesentlichen Zusammenhänge noch nicht richtig verstanden hast
- bei sachkundlichen Themen hättest du besser/interessierter/ausdauernder mitarbeiten können
- das Experimentieren im Sachunterricht hat dir offensichtlich viel Freude gemacht; deine mündlichen Beiträge zeigten aber, dass du das Gesehene nicht sprachlich verarbeitet hast
- die Experimente im Sachunterricht hast du gerne beobachtet; die Erklärungen dazu hast du allerdings nicht verstanden, denn die Einträge in deine Arbeitsmappe konntest du nicht selbständig ausführen
- wenn du aufmerksamer wärst, könntest du die Sachverhalte/Zusammenhänge besser erfassen/erkennen
- Das Erkennen und Darstellen sachkundlicher Zusammenhänge bereitet dir noch Schwierigkeiten; Fragen kannst du selten richtig beantworten

Sachkundeunterricht

- im Sachkundeunterricht verfügst du über viele Kenntnisse; trotzdem hast du manchmal Schwierigkeiten, die schriftlichen Aufgaben selbständig zu Ende zu führen

- du findest schnell Zugang zu technischen/naturkundlichen/ ... Sachthemen; jedoch erlischt dein Interesse bereits schon nach kurzer Zeit

- deine Testergebnisse zeigen, dass du dich mit mehr Fleiß und Interesse am sachkundlichen Unterricht beteiligen solltest

- im Sachunterricht arbeitest du noch zu wenig interessiert mit; häufig wird deutlich, dass du Sachverhalte nicht richtig erklären und Erarbeitetes nur mit zusätzlicher Unterstützung auf andere/neue Situationen übertragen/ anwenden kannst

- deine mündliche Mitarbeit im Sachunterricht sollte besser werden

- du verfügst über gute Kenntnisse und kannst dich überlegt zu Sachproblemen äußern; mit etwas mehr Konzentration/Anstrengung könntest du auch die schriftlichen Darstellungen in deiner Arbeitsmappe übersichtlicher und verständlicher darstellen

- im Sachunterricht solltest du deine Fähigkeiten besser nutzen und dich nicht vorschnell mit oberflächlichen/bedeutungslosen Antworten zufrieden geben; du kannst nämlich schon gut Informationen aus einem Text entnehmen

- wenn du deine etwas zu oberflächliche Lernhaltung aufgeben würdest, könntest du bessere Ergebnisse beim Lernen im Sachunterricht erzielen

- du hast gezeigt, dass du gute Arbeitsergebnisse bringst, wenn du deine oberflächliche Haltung durch Konzentration ersetzt und mit mehr Ausdauer bei der Sache bleibst

- du bist noch nicht in der Lage, Informationen aus dem Sachkundeunterricht auszuwerten und anzuwenden

- an Themen des Sachkundeunterrichts zeigst du leider wenig Interesse

☺

- du kannst Melodien schnell aufnehmen und sie sicher und richtig singen/auf dem Instrument wiedergeben
- du hast eine sehr schöne Singstimme und traust dich auch, alleine in der Klasse vorzusingen
- du nimmst gerne an der Musik-AG teil; du kannst auch eine zweite oder dritte Stimme singen und die Melodie sicher halten
- du kannst Melodien und Rhythmen schnell aufnehmen und so sicher vortragen, dass andere sich nach dir richten können
- du singst gerne mit kräftiger Stimme im Musikunterricht mit; mit Vorliebe singst du englische Lieder; hier zeigt sich deine Fähigkeit, englische Wörter und Melodien schnell zu erfassen und dauerhaft zu behalten
- du kannst vorgespielte Rhythmen und Melodien richtig wiederholen
- du kannst eine Melodie/Klangfolge am Notenbild verfolgen/erkennen
- du kannst eine Melodie/einen Rhythmus mit Noten aufschreiben
- du kannst die Notenschrift/das Noten-ABC lesen
- du hast eine Musik-Aufführung an unserer Schule durch eigene Ideen (...) bereichert
- du kannst dich zu einem Spiellied/Tanzlied kreativ bewegen
- du spielst mit Freude/Ausdauer/Ausdruck ein Instrument und bereicherst damit bereitwillig unseren Musikunterricht
- du spielst gerne auf Orff-Instrumenten und kannst unsere Lieder recht harmonisch begleiten
- du nimmst kurze Melodien auf den Orff-Instrumenten rasch auf und kannst sie auch nach längerer Zeit noch sicher wiedergeben
- es macht dir Spaß, mit Klängen und Geräuschen spielerisch umzugehen
- erlernte Melodien kannst du auch auf der Flöte wiedergeben

Musik und Spiel

- du übernimmst gerne Rollen in Spiel- und Bewegungsliedern; im Umgang mit Handpuppen (...) zeigst du viel Talent und entwickelst eigene originelle Ideen
- du hast viele interessante und humorvolle Spielideen
- du greifst mit viel Geschick Anregungen auf und führst sie mit eigenen Einfällen weiter
- du kannst dich mimisch und spielerisch gut ausdrücken
- die Vorbereitung und Durchführung unseres Klassentheaters hat dir viel Spaß gemacht; du hast freiwillig viele Aufgaben übernommen und gewissenhaft ausgeführt

☹

- du singst mit kräftiger Stimme; bemühe dich, beim Singen mehr auf andere zu hören und dich an deren Gesang zu orientieren
- dein Gefühl für Rhythmus und Melodie ist noch recht unsicher; unbekannte Melodien kannst du erst nach vielem Üben wiedergeben
- du brauchst viel Übung, bis du Melodie und Text eines Liedes wiederholen kannst
- am Musikunterricht zeigst du leider wenig Interesse und Freude und störst andere durch Albereien
- im Spiel mit der Flöte hast du Fortschritte gemacht; versuche nun auch, deine Notenkenntnisse zu festigen
- deine Notenkenntnisse sind leider noch recht lückenhaft
- für Musik, Tanz und Gesang interessierst du dich wenig; du beteiligst dich auch kaum am Musikunterricht
- du brauchst viel Ermunterung zum Mitsingen
- du gehst leider sehr nachlässig/unsanft mit den Musikinstrumenten der Schule um

Kunst- und Textilunterricht

☺

- du malst/zeichnest/formst gerne und zeigst dabei viel Geschick
- im Kunstunterricht arbeitest du immer sehr ausdauernd/sorgfältig mit; deine Bilder/Figuren sind lebendig/fantasievoll/originell
- im Kunstunterricht kommst du zu sauber gestalteten, fantasiereichen Ergebnissen
- du hast ein sicheres Gefühl für Farben und Formen
- du beobachtest sehr genau und kannst deine Eindrücke im Kunstunterricht gut wiedergeben
- du gestaltest deine Bilder übersichtlich; Wichtiges hebst du mit geeigneten Mitteln und Möglichkeiten hervor
- du wendest erlernte Techniken sinnvoll/geschickt an
- deine Bilder zeichnen sich aus durch eine harmonische Farbgestaltung
- du hast das Talent, schnell und mit viel Geschmack Bilder und Poster zu gestalten
- Mal- und Bastelaufgaben machen dir viel Freude; dein Umgang mit den Geräten ist fachgerecht und sorgfältig
- an unserem großen Bild (...) hast du eifrig mitgestaltet und dabei viele gute eigene Ideen entwickelt und verwirklicht
- beim Malen und Basteln bist du mit Ausdauer dabei; du arbeitest mit großer Fingerfertigkeit und großem Geschick
- du kannst eine Geschichte zeichnerisch so gut darstellen, dass der Betrachter den Inhalt/Sinn auch ohne Worte/Erklärungen versteht
- zeichnerische Aufgaben führst du liebevoll und genau, oft bis ins Detail getreu aus; dir liegen besonders Bilder über Tiere und Pflanzen
- du kannst hervorragend mit Holz und Pappe umgehen und erzielst sehr gute Werkergebnisse

Kunst- und Textilunterricht

☹

- beim Formen und Modellieren mit Knete/Ton musst du noch mehr auf Einzelheiten achten
- im Kunstunterricht machst du nicht gerne mit, dadurch gelingen deine Bilder meist auch nicht so gut
- im Kunstunterricht gibst du dich mit schnell hergestellten, oberflächlich gestalteten Werken zufrieden
- du unternimmst oft mehrere Versuche, aus Knete/Ton einfache Figuren herzustellen, jedoch gelingen die meisten Versuche auch nicht
- an den Umgang mit Ton/Pinsel/Farbe musst du dich erst noch gewöhnen
- im Kunstunterricht lässt du leider wenig Geschick und Einfallsreichtum im Umgang mit Farben und Materialien erkennen
- leider spiegelt sich in deinen Bildern wieder, dass dir der Kunstunterricht wenig Spaß macht
- der Umgang mit Wasserfarben (…) ist nicht einfach für dich
- die Anwendung neuer Maltechniken gelingt dir nicht immer beim ersten Mal
- du hast viele gute Einfälle, bist aber recht großzügig und wenig sorgfältig bei der praktischen Umsetzung
- bei deinen Mal- und Werkaufgaben musst du noch mehr Geduld und Ausdauer entwickeln
- beim Malen und Formen solltest du dir ruhig mehr zutrauen
- du hältst dich häufig nur an vorgegebene Figuren und Formen; versuche doch einmal, auch eigene Ideen zu entwickeln
- im Kunstunterricht zeigen deine Arbeiten interessante Formen und Farben; du solltest jedoch sorgfältiger und behutsamer arbeiten
- du gibst dir beim Malen/Basteln noch zu wenig Mühe, daher geraten die Arbeiten wenig ansprechend

Sportunterricht

☺

- du nimmst mit Freude am Sportunterricht teil; besonders Bewegungsspiele machen dir viel Spaß
- du zeigst beim Bodenturnen (…) Durchhaltevermögen und Leistungsbereitschaft
- du kannst schnell und ausdauernd laufen; meistens bist du unter den Siegern/Gewinnern/Ersten
- du springst und wirfst sehr kraftvoll/weit und erzielst stets gute Leistungsergebnisse
- du kannst beim Zirkel-Training alle Bewegungsaufgaben in kurzer Zeit und in guter Form ausführen
- du fasst Spielregeln schnell auf und hältst sie auch ein
- beim Sport nimmst du auf andere Rücksicht; du kannst dich in eine Spielgruppe einordnen und hältst dich an Absprachen
- du zeigst ein gutes Spielverständnis/hast gute Spielideen/behältst beim Spiel immer die Übersicht
- beim Turnen an Geräten zeigst du große körperliche Geschicklichkeit und Körperbeherrschung
- du beteiligst dich mit großer Freude und Einsatzbereitschaft am Sportunterricht
- für deine guten sportlichen Leistungen hast du beim letzten Sportfest eine Urkunde errungen
- du kannst sicher und ausdauernd schwimmen; die Schwimmprüfungen hast du mit viel Erfolg bestanden/abgelegt
- bei den Mannschaftsspielen zeigt sich, dass du zu den guten Sportlern in der Klasse gehörst; die anderen in der Gruppe richten sich nach dir aus
- im Sport zeigst du hervorragende Leistungen; besonders beim Bodenturnen (…) bewundern wir deine Geschicklichkeit und Gelenkigkeit

Sportunterricht

- beim Fußballspielen (...) bist du anderen durch deine Ausdauer und deinen großen Einsatz ein Vorbild
- im Sport sind deine Leistungen und deine Einsatzbereitschaft in allen Bereichen vorbildlich
- du bist im Umgang mit den Ball sehr geschickt
- Sport/Schwimmen gehört zu deinen Lieblingsfächern; du beteiligst dich aktiv und einsatzfreudig am Unterricht; beim Geräteturnen zeigst du Geschick und Sicherheit

☹

- du brauchst noch viel Ermunterung, um an allen Übungen beim Sportunterricht teilzunehmen
- bei Wettspielen zeigst du wenig Einsatzbereitschaft und Freude
- du hältst dich kaum an Absprachen, so dass bei Spielen und Wettkämpfen immer wieder Probleme entstehen
- du solltest beim Spielen mehr Fairness zeigen
- im Sportunterricht machst du bei den Spielen grundsätzlich gerne mit; beim Turnen an den Geräten brauchst du noch viel Unterstützung
- zeige etwas mehr Anstrengung bei den Übungen am Seil/..., versuche länger durchzuhalten
- bemühe dich, auch Spiele mitzumachen, die dir nicht so gut gefallen
- im Sportunterricht solltest du dir ruhig mehr zutrauen; vieles kannst du besser, als du glaubst
- sehr erfreulich ist deine Hilfsbereitschaft beim Aufräumen der Geräte; das Turnen selbst macht wir wenig Freude
- im Sportunterricht nimmst du an allen Spielen und Übungen teil; schön, dass du dich durch Misserfolge nicht entmutigen lässt
- da du nicht ertragen kannst, beim Spiel zu verlieren, zeigst du im Sportunterricht häufig ein unfaires und aggressives Verhalten

Sportunterricht

- im Sportunterricht machst du gerne/aktiv mit; Bewegung macht dir viel Freude, auch wenn dein Übereifer die Mitschüler manchmal zum Lachen bringt; es ist wichtig, dass du dich dadurch nicht entmutigen lässt
- fröhlich und unermüdlich hast du beim Sportunterricht mitgemacht; mit der Zeit werden sich deine Ergebnisse im Laufen und Werfen sicherlich noch bessern
- im Verlauf des Schuljahres bist du viel sicherer und mutiger im Schwimmen geworden
- du hast beim Erlernen des Schwimmens gute Fortschritte gemacht und kannst jetzt schon mehrere Züge hintereinander schwimmen; verliere nicht die Geduld und übe regelmäßig weiter
- im Sportunterricht hast du dich (sehr) bemüht, alle Aufgaben und Übungen auszuführen; viele sind dir schon recht gut und ohne zusätzliche Unterstützung gelungen
- im Sportunterricht machst du gut mit und hast viel Freude, obwohl dir manche Aufgaben und Übungen nicht leicht fallen
- leider fehlst du häufig, wenn Sport im Stundenplan steht; oft machst du nicht mit, weil du deine Sportkleidung vergessen hast
- du hast oft keine Lust beim Sportunterricht mitzumachen und verbringst die Zeit lieber mit Kaspereien; du weißt, dass sich das ändern muss
- willst du dich im Sportunterricht nicht mehr bei den gemeinsamen Spielen beteiligen? Mit etwas mehr Anstrengung von deiner Seite wärest du für deine Mannschaft ein wichtiges Mitglied und hättest selbst auch Freude dabei
- im Sportunterricht fällt auf, dass du Bewegungen unkoordiniert ausführst und wenig Ausdauer bei spielerischen Übungen und Wettkämpfen hast
- da du auffallend rasch außer Atem gerätst, wenn du dich körperlich betätigst, entziehst du dich gern den Übungen im Sportunterricht; es wäre angebracht, mit einem Arzt darüber zu sprechen

Religionsunterricht

☺

- im Fach Religion arbeitest du sehr interessiert mit und bringst hier viele gute Beiträge
- du zeigst, dass du dich mit vielen Fragen/Problemen beschäftigst/auseinander-setzt
- im Religionsunterricht wirfst du interessante Fragen auf und schlägst Themen vor, die auch andere interessieren
- du gehst Fragen eifrig nach und versuchst aus eigenen Überlegungen heraus zu Lösungen und Einsichten zu kommen
- du zeigst starkes/tiefgehendes/nachhaltiges Interesse an …
- du beschaffst dir zu einem Thema selbständig weitere Informationen und trägst sie dann der Klasse vor; so regst du zu Diskussionen an
- du denkst viel nach über …/machst dir kluge Gedanken zu …
- dein Interesse am Religionsunterricht/Ethikunterricht zeigt, dass du bereits ernsthaft über die Fragen des Lebens/Zusammenlebens nachdenkst
- du beschäftigst dich gerne mit religiösen Themen und zeigst, dass du dir hierzu viele eigene Gedanken machst
- du ergreifst zu vielen Themen die Initiative und kannst zum Thema passende Gedanken entwickeln und überzeugend darlegen
- du hast gute Einfälle und Ideen, die dich und andere ermutigen, eigene Wege zu gehen
- die Frage nach Gott beschäftigt dich sehr; deine Beiträge machen deutlich, dass du viele Geschichten aus der Bibel kennst
- die biblischen Geschichten interessieren dich sehr; du kannst sie sehr genau und umfassend mit deinen Worten nacherzählen
- du kannst die wesentliche Aussage einer Bibelgeschichte erfassen

- du kannst dich gut in die Personen der Bibel hineinversetzen und hast Verständnis für ihr Denken und Handeln

☹

- deine Mitarbeit im Religionsunterricht ist nicht immer gut
- manchmal hast du einfach keine Lust; das ist schade, denn du weißt über religiöse Themen in deiner Umwelt gut Bescheid und kannst dich auch gut ausdrücken
- leider beteiligst du dich nicht aktiv am Religionsunterricht; du lässt dich schnell ablenken und beschäftigst dich statt dessen lieber mit anderen Dingen
- dich interessieren im Religionsunterricht nur die Geschichten, in denen viel passiert; die Frage, wie Gott zu den Menschen spricht, was er von ihnen erwartet, scheint dich leider weniger zu beschäftigen
- du nimmst zwar am Religionsunterricht teil, verhältst dich aber viel zu still und passiv; sicherlich machst du dir aber auch eigene Gedanken über die Geschichten aus der Bibel; es wäre schön, wenn du sie uns mitteilen würdest
- deine Überlegungen zu den Geschichten der Bibel interessieren uns alle sehr, bitte melde dich häufiger, damit wir darüber sprechen können
- deine Leistungen im Religionsunterricht sind etwas besser als befriedigend (...)

Notizen

Notizen

Notizen

Notizen

Notizen

„Lendersdorfer Traumfabrik“ im Stolz Verlag

Stolz Verlag, Schneidhausener Weg 52, 52355 Düren, Tel. (02421) 5 79 79

Sachfächer

Themenhefte mit leicht verständlichen Texten zum sinnerfassenden Lesen und Lernen; mit Arbeitsanweisungen:

Das Wetter ab 2. Sj. *Best.-Nr. 042*
Laubbäume ab 2. Sj. *Best.-Nr. 089*
Blumen am Wegrand
Minitexte ab 2. Sj. *Best.-Nr. 043*
Der Baum-Detektiv *Best.-Nr. 131*
Die Natur im Jahreskreis
ab 4. Sj. *Best.-Nr. 115*
Haustiere 2. Sj. *Best.-Nr. 048*
Zootiere ab 2. Sj. *Best.-Nr. 044*
Vögel ab 3. Sj. *Best.-Nr. 111*
Bauernhoftiere ab 2. Sj. *Best.-Nr. 057*
Indianer ab 2. Sj. *Best.-Nr. 045*
Hexen und Zauberer *Best.-Nr. 134*
Sonne, Mond und Sterne
ab 4. Sj. *Best.-Nr. 081*
Der elektrische Strom
ab 4. Sj. *Best.-Nr. 117*
Deutschland kennenlernen
ab 3. Sj. *Best.-Nr. 058*
Europa kennenlernen
ab 4. Sj. *Best.-Nr. 084*
Durch die Wüste *Best.-Nr. 100*
Die Alpen ab 5. Sj. *Best.-Nr. 147*
Das Wattenmeer *Best.-Nr. 148*
Klima, Wind u. Wetter
ab 4. Sj. *Best.-Nr. 195*
Bibelgeschichten AT *Best.-Nr. 180*
Bibelgeschichten NT *Best.-Nr. 074*
Weltreligionen ab 3. Sj. *Best.-Nr. 075*
Der Islam ab 5. Sj. *Best.-Nr. 113*
Das Judentum ab 5. Sj. *Best.-Nr. 076*
Vom Getreide zum Brot
ab 3. Sj. *Best.-Nr. 080*
Gesunde Ernährung *Best.-Nr. 135*
Obst und Gemüse *Best.-Nr. 116*
Pilze ab 3. Sj. *Best.-Nr. 109*
Der menschliche Körper
ab 3. Sj. *Best.-Nr. 079*
Die Sinne ab 4. Sj. *Best.-Nr. 179*
Ritter und Burgen *Best.-Nr. 125*
Leben in einer mittelalterlichen Stadt ab 3. Sj. *Best.-Nr. 132*
Steinzeitmenschen *Best.-Nr. 516*
Die Römer ab 4. Sj. *Best.-Nr. 520*
Die alten Griechen *Best.-Nr. 514*
Die alten Ägypter *Best.-Nr. 515*
Räuber und Piraten *Best.-Nr. 133*
Erfindungen ab 4. Sj. *Best.-Nr. 519*
Entdecker ab 4. Sj. *Best.-Nr. 518*
Besuch in einer alten Schule
ab 3. Sj. *Best.-Nr. 129*
Adolf Hitler ab 7. Sj. *Best.-Nr. 120*
Alltag im 3. Reich *Best.-Nr. 077*
Persönlichkeiten der Geschichte
ab 5. Sj. *Best.-Nr. 119*

Theater & Sketche

Fabelhafte Sketche *Best.-Nr. 146*
5-Minuten-Sketche Grundschule
Best.-Nr. 140
Witzige Schulbühne
1. bis 10. Schuljahr *Best.-Nr. 112*
Neue witzige Schulsketche
alle Altersstufen *Best.-Nr. 705*
Klapsmühle – Sketche
alle Altersstufen *Best.-Nr. 704*
Die Hexe Furufara
Theaterstück GS, OS *Best.-Nr. 009*

Für Lehrer

Berichtszeugnisse
Textbausteine für die Grundschule
Best.-Nr. 201

Unterrichts-Check-Up
für Lehrproben; Wie bereite ich erfolgreichen Unterricht vor? *Best.-Nr. 200*

Lust auf Schule
Mutmachbuch für Lehrer
20 Gebote, humorvoll aufbereitet. Ein tolles Geschenk für Kollegen! *Best.-Nr. 202*

Das friedliche Klassenzimmer
Das Buch für die Pflege der Seelenhygiene von Lehrern wie Schülern; für alle Schulstufen geeignet *Best.-Nr. 204*

Der erste Schultag
31 Tipps und Spielideen für die Einschulung
Best.-Nr. 006

Einfache Wege zur Stille
Übungen und Rituale in der Schulklasse
Für alle Altersstufen *Best.-Nr. 105*

Besser zuhören, besser lernen
Übungen und Spiele für alle Altersstufen; Schule, Therapie, Nachhilfe *Best.-Nr. 010*

Konzentration / Entspannung
Heitere und besinnliche Spiele mit unserer Sprache; ab 5. Schuljahr *Best.-Nr. 003*

Gedächtnisübungen & Lernstrategien ab 5. Schuljahr
Wie lernt man am besten? Lern- und Merkstrategien *Best.-Nr. 005*

Bestell-Coupon

Ja, bitte senden Sie mir (uns) gegen Rechnung folgende Artikel:

Artikel-Nummern hier eintragen:

____

☐ Bitte schicken Sie mir Ihren kostenlosen aktuellen Katalog!

Bestell-Anschrift:

Stolz Verlag
Stuttgarter Verlagskontor SVK GmbH
Postfach 106016 70049 Stuttgart
Tel. (07 11) 66 72-12 16
Fax (07 11) 66 72-19 74
Internet-Shop: www.stolzverlag.de

Meine Anschrift:

Vorname, Name

Straße

PLZ/Ort

Datum/Unterschrift